Karl Rossel

Die Limburger Chronik des Johannes

Karl Rossel

Die Limburger Chronik des Johannes

ISBN/EAN: 9783743340114

Hergestellt in Europa, USA, Kanada, Australien, Japan

Cover: Foto ©ninafisch / pixelio.de

Manufactured and distributed by brebook publishing software (www.brebook.com)

Karl Rossel

Die Limburger Chronik des Johannes

Die

Limburger Chronik

des

Johannes.

Nach

J. Fr. Faust's Fasti Limpurgenses

herausgegeben

von

Dr. Karl Rossel,

Secretär des histor. Vereins für Nassau.

Wiesbaden.
In Commission bei W. Roth.
1860.

Vorwort.

Ein dringendes Bedürfnifs hat die gegenwärtige Ausgabe der Limburger Chronik ins Leben gerufen. Eine sprachlich und literarhistorisch fo bedeutende Schrift wie diefe war gleichwohl unter Gelehrten und Laien mehr dem Namen nach als aus und durch fich felber bekannt geworden. Denn der ältefte Druck von 1617, den J. Fr. Fauft von Aschaffenburg zu Heidelberg (kl. in 8°) herausgab, gehörte schon im 17. Jahrhundert zu den gröfsten bibliographischen Seltenheiten; die von G. E. Winkler in Wetzlar beforgte Ausgabe (1720, in 8°) ist ebenfalls fchon feit vielen Jahren vergriffen; die dritte Auflage des Trier. Professor Neller (von Aub), unter dem Titel: Fragment von einer alten Chronik, worinnen verschiedentliche Geschichte von dem Jahr 1347 bis 1371 beschrieben seynd u. s. w. zum Druck gegeben von G. C. N. Auban (1747, in 8°) haben wir nirgends zu Gesicht bekommen koennen, und selbst die neuere Ausgabe von C. D. Vogel (Herborn 1826; zweiter unveränd. Abdruck, Marburg

1828, kl. in 8°) ift ebenwohl nur noch antiquarisch zu befchaffen. Zu diefem äufserlich fühlbaren Bedürfnifs kam für den wissenfchaftlichen Forfcher jedoch noch der innere Drang, jenes merkwürdige Sprachdenkmal rheinländifcher Mundart des 14. Jahrhunderts wenigftens in einer des heutigen Standpunkts der Sprachwiffenfchaft würdigen Form wiedergegeben und die Chronik, aller modernen Zuftutzungen, Einfchiebfel und Anhängfel entkleidet, in urfprünglicher Spracheigenthümlichkeit wieder hergeftellt zu fehen.

Von diefem Geﬁchtspunkt ist der unterzeichnete Herausgeber ausgegangen; alles hiftorifch-antiquarifche Intereffe fürs erste bei Seite laffend ift es zunächst der rein literarhiftorische Zweck, den die neue Ausgabe fördern möchte; über die dabei angewendete Methode wird eine kurze Darlegung genügen.

Die erfte Aufgabe des Herausgebers war die Ausmittelung des Original-Manufcripts, aus dem die Fauft'sche editio princeps gefloffen. Jahre lange Nachforfchungen haben diefe Aufgabe als vorerst unlöslich erwiefen und fämmtlichen neueren Quellenforfchern fcheint es in diesem Punkte nicht beffer ergangen zu fein. Nur einmal wird bei Pertz Archiv B. VII (1839) S. 140 unter den Hdfchr. (der Stadtbibliothek zu Trier) eine Limburger Chronik [1]) erwähnt; es ift diefelbe, deren

---

[1]) 1368 (XLVIII) Limburger Chronik, Mechtels Bearbeitung. Aus Hontheims Nachlafs. fol. Papier. sec. XVII ineunt.

Titel uns Herr Domvicar **Liehs** in Trier mit verdankenswerther Gefälligkeit genau so mittheilt: „N. 1368 Cod. papyrac. fol. saec. 17 ineunte continet Chronicon Limburgense sub titulo: Limburger Chronica inde ab anno 1409 ad ann. 1610. Auctor hujus Chronici est Joann. Mechtelius, Colleg. eccles. Limburg. decanus." Die nämliche Handschrift hat **Hontheim** in seinem Prodrom. hist. Trever. 1757, Tom II. p. 1048 ff. abdrucken lassen; wir haben darin eine von J. **Mechtel** selbstständig entworfene Chronik, aber nichts weniger als das Manuscript unserer editio princeps. — Eine andere Handschrift wurde in der Stadtbibliothek zu **Cöln** ermittelt und durch die Güte des Herrn Stadtarchivar Dr. **Ennen** im Original anher mitgetheilt. Ihr Titel ist: „Introductio in Pagum Logenahe una cum descriptione Basilicae oppidi S. Georgii in Lintburgk — ex Collectaneis multis Joannis Mechtelii a Pfaltz, S. Georgii quondam decani pro tempore S. Paulini Canonici extra muros Trevirenses Ao. 1630. Papierhandschr. von 673 pag. Seiten in 4⁰." Der Text (Anfangs in lateinischer, gegen die Mitte und das Ende zu in deutscher Sprache abgefasst) ist mit zahlreichen Federzeichnungen von Wappen und Monumenten geziert, von denen **Hontheim** in seinem Prodromus T. II. viele hat nachstechen lassen. — Auch hier haben wir es mit einer selbständigen Arbeit des Canonicus **Mechtel** zu thun; **Faust's** Ausgabe der Limb. Chronik von 1617 wird darin mehrfach ausdrücklich citirt und ſtellenweiſe wörtlich abgeſchrieben; ein Manuſcript derſelben ist aber auch dem Canonicus Mechtel nicht zu Gesicht gekommen und kann jede Spur eines ſolchen bis heute als verſchwunden erachtet werden. Wir dürfen daher alle literarhistorischen Notizen über die Abfassung unſerer Chronik, ſoweit ſie ſich auf Mechtels Autoritaet stützen, insbesondere auch die von dem übrigens höchst unbedeutenden Wetzlarischen Chronisten J. Ph. Chelius [2]) aufgebrachte Meinung von einem Joh. Gensbein als dem Verfasser unſerer Chronik, als jeder tieferen Begründung ermangelnd vorerst unbeachtet laſſen, müſſen vielmehr einfach zu dem ersten Druck von 1617 zurückkehren und diesen Druck in ähnlicher Weiſe wie etwa die Baseler editio princeps des Vellejus Paterculus oder eines anderen Autors, deſſen Urschrift nach dem Druck wieder verloren gegangen, als Manuſcript ansehen und behandeln.

Hierin liegt das Unterſcheidende unſerer Ausgabe. Während nämlich der Wetziarische Herausgeber von 1720 an diesem Text ſich die willkürlichsten Abänderungen erlaubte, um die Sprache seinen Zeitgenossen möglichst mundgerecht zu machen, wäh-

---

[2]) Kurtze Beſchreibung der Stadt Wetzflar, durch J. Ph. Chelium, Syndicum und Stadtſchreibern zu Wetzflar. Gieſsen 1664., wo die betreffende Stelle T. XXXI lautet: „Und meldet Johannes Gensbein, etwa Stadt-Schreiber zu Limpurg, in ſeiner alten geſchriebenen Chronick, daſs" u. s. w.

rend **Vogel** (1826) diesen schon entstellten Text nicht allein noch weiter modernisirte, sondern auch in der Reihenfolge der einzelnen Abschnitte mancherlei Umstellungen vornahm, aus den Berichten spaeterer Chronisten zur Vervollständigung ganze Stellen ohne weiteres in **den Text** unserer Chronik aufnahm und bei einer ganzen Reihenfolge von Namen seine Conjecturen unbedenklich in den Text einschob, [3]) ohne dieselben auch nur in den Anmerkungen irgend zu begründen oder zu rechtfertigen: kehrt unsere Ausgabe zu dem vielfach mifshandelten **Urtext** einfach zurück, um denselben — ohne das allermindeste dazu oder davon zu thun — mit aller Treue wieder zu geben und der Wissenschaft zu weiterer diplomatischer Behandlung fowie zu fachlicher und fprachlicher Erläuterung zu überliefern.

---

[3]) Wir stellen, zugleich als Nachlese zu der Varianten-Sammlung unserer Ausgabe, hier noch eine Anzahl der erheblichsten dieser Textänderungen zusammen.

Statt **Růrmund** . S.	10	liest Vogel:	**Rumrod.**
— **Spangenberg** „	30	„ —	**Spanheim.**
— **Maulbron** „	33	„ —	**Paderborn.**
— **Lützelberg** „	51	„ —	**Catzenelnbogen**
— **Velten** „	53	„ —	**Salentin.**
— **Grůnau** „	58	„ —	**Grenfau.**
— **Schonberg** „	58	„ —	**Schawenburg.**
— **Gelůt** „	68	„ —	**Geblůt.**
— **Wolckener** „	71	„ —	**Valckener.**
— **Würtzburg** „	79	„ —	**Würtenberg.**

VIII

Wenn wir dabei die älteste Ausgabe des Faust von Aschaffenburg mit aller Gewiffenhaftigkeit zu Grunde legten, fo war dabei gleichwohl nicht verkannt worden, dafs diefer Herausgeber mit feinem Manufcript keineswegs mit derjenigen Sorgfalt verfahren ist, wie es dasfelbe verdient haette. Seine Orthographie leidet an allen Gebrechen der Sprachwissenschaft jener Zeit; felbst die Eigennamen find ganz inconfequent behandelt, [4]) die Sprachformen

---

[4]) Faust's Verfahren wird sich am klarsten aus seinen eigenen Worten ergeben. Wir stellen zu diesem Behuf die unwillkürlichen Varianten, die zwifchen den Wörtern feines Textes und feines Registers untergelaufen find, hier einfach zufammen.

Für Altankerhaufen S. 23 des Textes steht im Regifter Anckershaufen.
„ Arnberg „ 90 „ „ „ „ „ Arnburg.
„ Arnfpurg „ 30 „ „ „ „ „ Arnfperg.
„ Boclanden „ 46 „ „ „ „ „ Bolanden.
„ Carolus „ 14 „ „ „ „ „ Carlus.
„ Gelût „ 68 „ „ „ „ „ geleut.
„ Halderfen „ 24 „ „ „ „ „ Helderfen.
„ Haffeloch „ 27 „ „ „ „ „ Hafeloch.
„ Honftein „ 49 „ „ „ „ „ Hanftein.
„ Lahne „ 31 „ „ „ „ „ Lohne.
„ Meerwegen „ 69 „ „ „ „ „ Meerwigk.
„ Molfpurg „ 47 „ „ „ „ „ Malfpurg.
„ Mülfingen „ 75 „ „ „ „ „ Milfingen.
„ Philipsftein „ 81 „ „ „ „ „ Philipfenftein.
„ Steuerburg „ 93 „ „ „ „ „ Steueberg.
„ Sunneberg „ 74 „ „ „ „ „ Sunnenberg.

Aehnliche Abweichungen notirt Faust hin und wieder auch in den Marginalien des Textes.
S. 9 im Text: eines Grafen tochter von Ravenfpurg —
   am Rande: Adelheid.

bereits einigermafsen entstellt: und gleichwohl ist der Ton des Ganzen noch der echte, einfach-treuherzige Chronikstyl des 14. und 15. Jahrhunderts und es dürfte einem Kenner des Sprachidioms nicht sehr schwer halten — in manchem Betracht sogar eine sehr lohnende Aufgabe sein — aus diesem Gewand den Urtext des Limburger Stadtschreibers nett und rund herauszuschälen. Jedenfalls aber wird eine weitere Behandlung unserer Chronik durch kritische Excurse bis zur Ermittelung handschriftlicher Quellen von dem **ältesten Druck** auszugehen haben, und wenn die gegenwärtige Publication dazu dienen sollte, das Schriftchen der Theilnahme unserer Alterthumsforscher näher zu bringen und eingehendere Studien über seinen sprachlichen und sachlichen Gehalt zu veranlassen, so würde der letzte Zweck, den der historische Verein bei dieser Herausgabe im Auge haben konnte, als erreicht betrachtet werden dürfen. **Unser** Augenmerk war lediglich darauf gerichtet, den Text der ersten Ausgabe, selbst ohne Rücksicht auf etwaige darin

---

S. 9 im Text: eines Marggrafen tochter von Naſſaw —
am Rande: **Meiſſen alibi**.
„ 24 — Halderſen — **Helverſen**.
„ 28 — Haſſeloch — **Haſeloch**.
— Altankerhauſen — **Angerhauſen**.
„ 36 — „In diſſen zeiten"... ohne Jahrszahl — am Rande: **1361**.
„ 68 — Avinion — Author ſetzt alwegen **Abigun**.
„ 89 — Waltrabenstein — **Walrabenstein**.

vorkommende typographische Versehen, unveraendert wiederzugeben; alle Abkürzungen (m̄ statt mm, n̄ statt nn u. s. w.) find streng beibehalten, der bei Fauſt ganz willkürliche Wechſel in den Anfangsbuchſtaben der Subſtantive getreu wiederholt, der einfache S laut (s oder ſ) von dem geſchärften (ss oder ſſ) und dem ſs genau geſchieden, der Trennungsſtrich (/) als Satzzeichen jedesmal durch Komma (,) erſetzt. Die Paginirung der ältesten Ausgabe haben wir am Rande angemerkt. — Selbst das zueignende Vorwort an den Landgrafen von Hessen, das Fauſt ſeiner Ausgabe vorausſendet, haben wir ohne alle Abkürzung ſchon darum aufgenommen, weil die näheren Umſtände, denen wir den Anlaſs zu jener Publication verdanken, und die verworrene Lebenslage des Herausgebers ſich daraus erläutern; ſeine faſt komiſchen Anſtrengungen, womit er einzelne theologiſche Anſichten ſeines Autors glaubte in Schutz nehmen, andere widerlegen zu ſollen, können freilich für unsere Zeit nur noch ein kulturhiſtoriſches Intereſſe erregen.

Um diejenigen Abänderungen des Textes, welche die Wetzlar'ſche Ausgabe von 1720 (als die verbreitetſte der älteren Ausgaben) ſich erlaubt hat, nach ihrem Werthe beurtheilen zu koennen, ſind die erheblichsten ihrer abweichenden Lesarten in Noten unſerm Text einfach beigefügt worden; was davon mit V: bezeichnet iſt gehört der neueren Ausgabe von Vogel

(1826) an. Ein sehr wünschenswerther kritischer Commentar über das Ganze — der dann zunächst auch die Herkunft der in der Wetzlar'schen Ausgabe enthaltenen Nachträge (Anhang S. 130—135) und deren Verhältnifs zu dem Urtext der Chronik nachzuweisen sowie einzelne völlig verderbte und darum unverständliche Stellen im Faust'schen Texte zu berichtigen haette — kann nur aus einer Fülle sprachlicher Specialstudien herauswachsen, wie fie nur einzelnen unserer Mitglieder zu Gebote ftehen können. Am liebsten ohne Zweifel würde der histor. Verein diefen Commentar von demjenigen seiner Genossen ausgeführt sehen, dem er mit die ersten Anregungen zu dieser neuen Ausgabe überhaupt zu danken hat, dem Herrn Seminar-Director Kehrein in Montabaur. Unsere Ausgabe hat sich, was die Erklaerung angeht, allein auf diejenigen sprachlichen Ausdrücke der Chronik beschränkt, welche dem Laien schwerer verstaendlich find; zu dem Ende ist S. 111 bis 116 — mit Rücksicht auf einen gröfseren Leserkreis — ein einfaches Woerterbüchlein beigefügt, bei dessen Abfassung die einfchlagende Literatur (Ziemann Mittelhochd. Wörterbuch 1838; Kehrein Onomat. Wörterbuch 1853; Beneke — Müller Mittelh. Wörterbuch I. II. 1854—1858; Schmeller Bayer. Wörterbuch. u. a.) bestens benutzt worden ift. Auf gelehrte Citate durfte bei dem Zweck dieser Ausgabe verzichtet werden; über einzelne Belehrungen aber einem lieben Freunde,

Herrn Dr. Frommann, Bibliothekar am German. Museum in Nürnberg, hier freundlichen Dank abzuſtatten rechnet der Herausgeber zu seinen angenehmſten Pflichten.

Wiesbaden, im April 1860.

Dr. Rossel.

FASTI LIMPVRGENSES.

Das ist
Ein wolbeschrieben Fragment einer Chronick

Von der Stadt

vnd den Herren zu Lim-
purg auff der Lohne,

Darin deroselben vnd vmbligender Herrschafften vnd
Städt Erbawung, Geschichten, Verenderungen
der Sitten, Kleidung, Music, Krieg, Heyrath, Ab-
sterben vornehmer hoher Geschlecht, gute vnd bö-
se Jahr, welche der Author selbst erlebt, Vnd
anders dergleichen mehr, so in andern
publicirten Chronicis nicht,
zu finden.

Itzo zu sonderer lieb vnd wolgefallen
allen Historischen Antiquarijs an tag
gegeben è Mss.

Ich Fand Frewd Vnd Arbeit.

Mit befreyhung gedruckt bey
Gotthard Vögelin. 1617.

Dem Durchleuchtigen Hochgebornen Fürsten vnd Herrn,

Herrn Mauritio,

Landgrafen zu Hessen, Grafen zu
Cattenmelebogen, Dietz, Ziegenhan
vnd Nyda etc. seinem gnedigen
Fürsten vnd Herrn.

$E\tilde{v}\ \pi\varrho\acute{\alpha}\tau\tau\varepsilon\iota\nu$.

Es wird in bewerten Schriften gelesen, Gnediger Fürst vnd Herr, dafs weyland Keyser Friderich der Ander, vff einen Reichstag zu Mentz jm jahr Christi 1236. zu vnser Frauwen jm Thom daselbst, den dritten Augusti gehalten, der erste vnter allen Teutschen Romischen Kayseru gewesen, der solchen Reichstags verhandlung und Abschied, dem Teut-schen Keyserthumb zu sonderlicher hoheit vnd ansehen, in Teuscher sprach fassen vnd *publiciren* lassen. Wie schwer es aber den Gelar-ten vnd Schreibern selbiger zeit gewesen, vor die bishero geübte vnd gebreuchliche Latinische. ein verstendige vnd bequemliche Teusche sprach, seiner art, *dialectis* vnd *Orthography* nach zu gebrauche, jst nit allein aufs dem Titul und gantzem *Context* desselbigen Abschids, vnd andern Teuschen schriften, welche man ohne ein besonders daraus ge-

1*

zogenes *Alphabeth*, oder *Lexico Keronis Monachi S. Galli*, vnd dergleichen Mittel, schwerlich lesen vnd verstehen kann, Sondern auch daherö zu sehen, dafs man solches verteuschens bald müde worden, vnd den alten gebrauch der Latinischen sprach behalte, also gar, dass Keyser *Rudolphus I* jm jahr 1279. vfm Reichstag zu Franckfurt, bey verfassung des getroffenen Landfridens, ein Gebott aufsgehe lassen müssen, hinfurter alle Reichs Abschied vnd Verfassungen, Gerichtliche Handlungen, Instrument, Testament, Verträg, Wehrschaften, vnd was dergleichen mehr vornehme verrichtungen durch die Gelarte zu papier getragen werden sollen, in Teuscher sprach zu verfertigen, nicht allein, wie gemelt, dem Teuschen Romischen Keyserthumb zur besonderer herrlichkeit, sondern auch allen der Latinischen Sprach vnwissenden Hohen vnd Nidern Standts Personen, damit dieselbige, wie bifshero vielfaltig gespüret worden, nit mehr möchten mit derselbigen hindergangen vnd vervortheilt werden, zu mercklichem nutzen. Solcher löblicher verordnungen hat hernach Keyser Ludwig der Vierte, durch die ohnbilliche zunötigung vnd verbannung Bapsts Johannis XXII. dahin ohn Zweiffel verursachet, mit allem ernst nachgesetzet, vnd ist der erste gewesen, der Seine *Privilegia* vnd Belehnungen in Teuscher Sprach zu geben, Anno 1329. angefangen vnd hinausgeführet, deme alle folgende Kayser nachgefahren, vnd bifs auff dissen tag dabey gantz nutzlich verblieben. Von solcher zeit an, haben Sich die Cancellisten vnd Schreiber, einer verstendigen und guten Teuschen Sprach vnd *Orthography* zu befleissigen, angefangen, und in stettiger vbung vnd nachsinnen, mit zirlichen *dialectis, compositionibus, augmentis syllabicis, parasyllabicis* vnd *orthographicis terminationibus* von jahren zu jahren, nicht vnglückseliger als die Griechen, verbessert, bifs Sie zu solcher Würdigkeit gerathen, deren wir noch heutigen tags, nicht ohn besondern Rhum, vnd mifsgunst Aufsländischer Nationen, gebrauchen, und darein keiner derselbigen, auch wol den vornembsten weichen, sondern noch den mehrentheils weit beuor gehen.

Es ist aber die Latinische Sprach dardurch aufs der gewohnheit vnd gemeiner vbung, vnd gleichsam gar in verachtung gebracht worden, also gar, dafs auch in den Clöstern, da man sonst dieselbige neben andern hohen Sprachen am besten getrieben, solche in grosen mangel vnd Barbarien gerahten: wie die Gelarten jm anfang des abgewichenen *Saeculi* vnd widerumb herfür glentzenden licht des seligmachenden Evangelions, *in Epistolis obscurorum virorum*, deren nicht genugsam, vnd mit verwunderung uber solche ungeschicklichkeit, spotten können.

Ob nun wol zu obgedachten Keysers *Ludovici IV* nützlichem Gebott, Gott seinen segen gegeben, vnd feine artige Köpf erwecket, die alles fein zirlich verstendlich vnd ordentlich in Teuscher Sprach geben können, wie aus allerhand verfassungen genugsam zu sehen: So haben doch die Historien- oder Geschicht Schreiber noch nicht gern hienan gewolt. Darumb man sehr wenig findet, die von selbiger zeit an etwas denckwürdiges in Teuscher zungen vfzumercken sich vnderstanden. Vnd ist mir aus den Aller eltesten *manuscriptis* zum ersten vorkommen disses Eines *Notarii* oder Schreibers der Statt Limpurgk auf der Lahn, Johannes genannt, Geschichtbüchlein, welches Er jm Jahr Christi 1347. im dreifsigsten seines Alters, angefangen, vnd vom Jahr 1336. bifs ins Jahr 1402. seines Alters 85. volführet hat: Wie Er dessen in obgemelten 1347. vnd 1374. Jahren selbst erwehnet. Welches, ob es Sich schon nicht viel vber 60. Jahr hinaufs erstrecket, vnd klein, doch sehr reich ist von allerhand nutzlichen, gedenckwürdigen vnd bishero vnbekanten Geschichten, die Sich sonderlich in verenderung der Music, Gesäng, Seitenspiel, Kleidung vnd Sitten, erbauwung etlicher Festung vnd Schlösser, der Zeit vnd Jahr, an Himmel und Erden, in Geistlichem und Weltlichem standt, Dabey dann vornemer Herren Conterfeiten und andere *Notabilia*, wie es der *Author* nennet, begriffen, vnd sehr verstendig und gut Teusch gegeben worden, dergleichen Ich mich nicht zu erinnern weifs, dafs bey andern grosen vnd weitlaufigen *Chronicis*, so volkommlich vnd gleichsam in einem handbüchlein beisammen, zu finden. Als hab Ich vf fleissiges vnd freundliches anmahnen nicht weniger sehr gelarter vornehmer leut und liebhaber solcher *singulariteten* nicht lenger zu rück halten können, solches feine vnd nutzliche Tractetlein vor Mich allein ferner zu behalten, vnd in gefahr des vntergangs (wie bey nahe in hin vnd herrückung meiner geringen aber jämmerlich zerrütteten haufshaltung, geschehen) kommen zu lassen, Sondern jhnen vnd gemeinen besten vnd allen Historischen Liebhabern zu lieb vnd wolgefallen, in offenen Truck zu geben vnd mit zutheilen. Dazu Ich dann weitter bewegt worden, dass Jch gesehen, dafs auch mit geringen publicirten Tractetlein, daraus etwas nutzes möge genommen werden, grosser danck bey vielen, vorab den gelarten, verdienet worden.

Es wäre aber wol zuwünschen, dafs wir Teutschen dergleichen fleissige vfmercker vnd Schreiber zu jederzeit, vnd sonderlich, an statt *Johannis de Temporibus:* (Welcher *Caroli Magni* Schiltträger gewesen, vnd dreyhundert vnd ein vnd Sechtzig Jahr alt worden, vnd in An. Christi 1139. gestorben sein sol, vnd weiter nichts genutzet, denn dafs er lang gezeret vnd die welt beschweret hat:) Dissen Johannem *sine Cognomine* oder *Tempore* also zu reden gehabt hetten, vnd dafs die vbrige bögen oder bletter bifs in Annum 1402. wie der *Author* verheissen, aber im *original* gemangelt haben, noch beyhanden weren, Wurden sich mehrer Sachen wissenschaft zu erfreuwen haben, deren wir jtzunder, nicht vieleicht ohne grossen Schaden, gerathen müssen.

Der *Author* ist zwar an etlichen orten, sonderlich in Anno 1349. 1386. vnd 89. gut Papistisch, da Er vermeinet dafs man Buss vnd reuhe vber die Sünden bey dem Bapst suchen hett sollen, da Er der Mess halben, die Verrähterey von Judas vorgangen geringer schätzt als des Mynnerbruders Jacobs, der sich vor ein Weihbischof ausgeben, Betrug,

Item da Er in letztgemeltem Jahr, etlicher articul vnd sonderlich der Anruffung der heiligen gedencket, vnd, weil dieselbige verworffen wird, einen vnglauben nennet etc. Weil er aber eben mitten in der dickesten Finsternus des Antichristischen Reichs gelebet, vnd wir aufs dem hellen liebt des Seligmachenden Evangelij Jesu Christi eines bessern vnd seligern vnterrichtet seind, Za dem auch das *Concilium Francofordense* jm Jahr 794. von *Carlo Magno* wider die Anruffung der heiligen, vnd den andern *Nicae*ischen Synd, gehalten, beyfall thut, vf welche zeit der *Author*, mit der zahl der 600. Jahr ohn zweiffel zu ruck deuten will etc. Lassen wir billich solches vf seinem vnwerth beruhen, vnd Ihnen sein Êventeur damit bestehen: Wiewol zu hoffen, weil Ihme aufs anzihung der 600. Jahr, bemelten *Concilij* Göttlicher Beschlufs wol mag wissend gewesen sein, dass Er demselbigen mehr nachgangen, dann dem gedicht des fegfeuers vnd anruffung der Heiligen nachgehangen habe, aber derselbigen ohnzeit nach, reden vnd *dissimuli*ren müssen.

E. F. Gn. aber hab Ich disses Büchlein vor andern, vornemlich darumb Vnterthenig *dedici*ren sollen, weil nit allein der *Author* ein Hefs, vnd disses Chronicklein in Hessischer sprach beschrieben, welche den Rhum hat dafs Sie vor andern Teuschen *dialectis*, zierlich, aufstrücklich vnd frölich aufsgesprochen, vnd derowegen von aufsländischen *Nationen*, als Polen, Preussen vnd dergleichen, in den Hefsischen *Academijs* vnd *Aulis* vor andern besuchet und gelernet wirdt, Sondern auch die darein begriffene Sachen, E. F. Gn. Hochbelibte Vorfahren guten theils berüren, Vnd dan disse Statt, dauon disser *Notarius* vornemlich *tractiret*, E. F. Gn. *jurisdiction* theils vnterworffen, vnd also billich ist, dafs solches vor andern E. F. Gn. *dediciret*, zugeschrieben vnd zu eigen vbergeben werde. Vnd bin der vnterthenigen hoffnung, es werden E. F. Gn. Ihr solches, wie wolmeinendt vnterthenig *dediciret*, also in besondern gnaden angenehm vnd wolgefällig, vnd Mein vnd, der Meinigen vnverschulden zustandt mitleidenlich zu verbessern, gnedig angelegen vnd *commend*irt sein lassen, Dieselbige E. F. Gn. hiemit sampt dem gantzen Löblichen hauſs Hessen vnd Alle hertzlibste an vnd zugehörige, dem Getreuwen Frommen Gott, zu aller Glückseligkeit, guter Leibsgesundheit, Fridlicher Regirung vnd vertrauwlicher *Correspondentz* vnd einigkeit, vnterthenig emphelendt. Signatum Darmstatt, den Ersten tag Augusti, Anno 1617.

E. F. G.

Vntertheniger

Joh. Friderich Faust von Afchaffenburgk.

Limpurgische Chronick.

DA man zahlet ¹) von Christi Geburt Tausendt ²) (1.) dreyhundert dreissig Sechs jahr auff das Fest *Simonis Judae,* da was der grosse wind der grosen schaden thete. Der warff grosse heuser, gezimmer vnd thürn, vnd grose beum in den wälden vmb.
Uf dieselbige zeit da speisete der Hochgeborne Fürst, Landgraf ³) zu Hessen, das haufs Eberstein, das gelegen ist in Sachsen. Vnd hatte Er vnd seine Freund, Ritter vnd knecht mehr als 1600. gekronter helm, vnd dreib ⁴) von dem feld Alberten Hertzogen zu Sachsen mit gantzer möge, vnd behielt da seinen willen. Vnd sturmeten vor einen Berg, vnd lagen neun tage in dem land zu Sachsen. Derselbe Landgraf Heinrich, ward genant mit dem zunahmen der Isern Henrich, vnd war der Fruwen ⁵) S. Elisabeth vränckel. Vnd war seine mutter eines Grafen tochter von Ravenspurg || aufs (2.) Westpfalen. Vnd er hatte eines Marggrafen tochter von Nassaw, ⁶) vnd hatte die einen Sohn der hiese Landgraf Otto, gar ein edel Fürst, als das hernach geschrieben stehet, vnd hatte zwo töchter, deren eine kaufte ein Her-

---

¹) zehlet ²) V: ein T. ³) Landgraff ⁴) drieb ⁵) Frauen von S.
⁶) V: von Meissen.

tzog von Braunschweig, die ander kaufte ein Konig von Crackauw. Vnd darnach hatte derselbige Konig andere weiber lieber dann Sie, dass Sie sich mit jme nit mögte vertragen, vnd kam wider heim zu jhrem vatter zu Cassel, da verpliebe sie etliche ˜jahr bifs dafs Sie starb. Derselbig L. [7]) Heinrich besserte gar sehr sein land, mit land vnd mit leuten, vnd eroberte mit namen die Herschafft von Dinwerde dazu Spangenberg gehöret, vnd andere Schloss vnd Wälde vnd Gerichte. Die Herschaft ist geacht besser dann $300^{M\cdot}$ fl. [8]). Vnd hatte Er auch die Ritterschaft lib, darumb dieneten Sie jm auch, wann Er jhrer dorfte, vnd fchirmete Er damit sein Land mit grosser Weifsheit. Auch kaufte Er da die Grafschaft von Ziegenberg, mit aller jhrer zuhörung, gelegen auff der Wetta [9]), vnd kauffte auch die Herschaft von Rürmund bey Alsfelt gelegen.

(3.) Er hatte auch einen Bruder der hiese L. Ludwig, der krigte mit jm vmb das land zu Hessen vnd kaufte ein Weib, die was eines Grafen tochter von Sponheim, vnd der taste vmb hulf, vnd binnen der zweiung starb Er, vnd liesse zwen ‖ Söhne. Deren hiefs einer Herman, der ward seinth [10]) ein gewaltiger Landgraf zu Hessen, vnd ward ein mehrgare seiner Ehe. Denn Er das vberkame, als du auch findest hernach geschrieben. Der ander Bruder kam zu dem Bischoff von Magdeburgk seinem Vettern, der wolte jhn han gemacht zu einem Bischoff an seine statt. Da ward demselbigen Landgrafen vergeben.

In derselbigen zeit regirte Keyser Ludwig, geboren

---

[7]) Landgraff [8]) V: 300 Millionen (soll heissen: 300 m(ille) = 300,000)
[9]) V: Werra [10]) seint.

von Obern Beyern, vnd war gar ein gewaltiger Keyfer vnd Konig. In derselbigen zeit war gar ein tugentlicher Edler Herr zu Limpurg, der war genant Gerlach. Wiewol doch vor manchen langen jaren gar viel Edler Herrn da gewest sind bisher, davon ich nit en [11]) weifs zu schreiben, dann dafs Sie Edel vnd herrlich gewest sind. Vnd ein theil ist von Isenberg. Vnd schreib Ich die sonderlich, so dissen leuten so jtzund leben zu Limpurg vnd in den landen, zu mal wol kundlich ist. Darumb soltu wissen, dass derselb Herr Gerlach was Sohne [12]) des Blinden Herrn zu Limpurg genant. Der vorgenante Blinde Herr, hatte ein weib von Rabenspurg aus Westpfalen, genant Fraw Ida, deren Sohn war der vorgenante Herr Gerlach. Vnd waren die ehegenante Hochgeborne Fürsten vnd Landgrafen zu Hessen, Heinrich vnd Ludwig, ‖ vnd Herr Gerlach zu Limpurgk zweyer (4.) recht gesüster kinder. Vnd nam der vorgenante Herr Gerlach Herr zu Limpurgk, zu dem ersten mahl ein Weib von Nassaw, die war genant Jungfraw Agnefs. Vnd beriete Sie Gott einer Tochter, die ward gegeben dem Edlen Grafen Johann, Graf zu Catzenelnbogen. Vnd die beriete Gott eines Sohns, der ward genant Diether. Wie derselbige Diether regirend vnd lebend war, das finstu hernachmals geschrieben. Darnach etliche zeit, da die vorgenante Fraw Agnes gestorben was, kaufte Herr Gerlach, Herr zu Limpurgk, ein ander Edel Weib, die was von Wertheim aufs Franckenland, vnd was genant Fraw Kone. Vnd wie selben die Söhn vnd Töchter vf Erden liefe, das finstu hernach geschrieben,

---

[11]) nichts w. [12]) ein Sohn.

so wann Ich dir schreibe von seine [13] hinefarth vnd sein Testament. Auch was Er der klugste dichter von Teuschen vnd Latinischen, als einer sein mocht, in allen Teuschen Landen.

In disser zeit stund Limpurgk die Stadt vnd die Burgk in grossen Ehren vnd seligkeit von leut vnd Reichtumb. Dann alle gassen vnd alhen waren voll leut vnd guts, vnd wurden geachtet, wenn sie zu felt zohen, mehr dann an 2000. burger vnd bereite [14] leut mit Pantzer vnd mit Harnisch, vnd was dazu gehört: vnd zu
(5.) Ostern, die Gottes leichnam empfingend, wur‖den geachtet mehr dann 8000. Menschen. Nun soltu wissen, weme also viel leut seind befohlen zu regiren geistlich oder weltlich, der darf wol guter sinn vnd redligkeit, als da spricht *Aristot. I. Politic: Habentes rationem & intellectum utentes naturaliter, aliorum domini fiunt & rectores.* Das soltu also verstahn:

> Welcher man sucht redligkeit vnd es gebrauchen kan,
> Der ist andere leut zu regiren sonder man &c.

Der Stift des guten Herrn S. *Gregorij* [15] daselbst stund in grossen ehren vnd herrligkeit, als das ein recht Einkommen hatte, von rechter Rent vnd Gülte bey 120. fl. gelts. Dann der vorgenante Stift auch regiret ward von Canonicken, die waren her aufs guter Leut vnd Ritters kindern.

Anno 1342. die Bonifacij, da verbrandt die Statt bey nahe halb aufs. Darnach vber ein Jahr, da ward der newe grab [16] ausserhalb Limpurg am Castell von Meintzerpforten an bifs an die Löne belaitet von dem Edlen Herrn Gerlach Herrn zu Limpurg vorgenant, ge-

---

[13] seiner H. [14] berittene [15] V: Georgii [16] graben

graben vnd gemacht in ein Festung der vorgenanten Statt Limpurg.

Bey derselbigen zeit da ward ein krieg mit der Statt zu Limpurgk vnd dem Edlen Grafen zu Dietz, vnd hatten doch kein fede mit im. Dann die Statt zu Limpurg einen gefangenen ‖ hatte, der war ein handwercks- (6.) man, vnd fuhrten den zu Limpurg. Da folgte derselbige Grafe nach mit seinen freunden, vnd grieffe die von Limpurg an vnd sie wider an jhn. Da ward he wund, ritt heim vnd starb. Vnd hatte Er ein Weib von Nassaw, vnd lise drey Söhn. Der eine hiese Gerhard, der Ander war ein Teutscher Herr, der dritte lise Johann. Vnd wie Sie regirt haben, das finstu hernach.

Anno 1344. Sontags nach Pfingsten, ward die herschafft vnd Statt zu Limpurg halb versatzt, *Balduino* Ertzbischoff zu Trier vnd dem Stift daselbst, vmb ein Summen gelts, nach aufsweisung der Brif, die darüber gegeben sind.

In derselbigen zeit vnd jahr vf S. Iacobs tag des heiligen Aposteln, gelegen in der Erndt, da was grose flut vnd wasser auff Erden, dafs groser vnseglicher jamer vnd schaden geschach von der flut, vnd hatte nit sehr geregnet oder wasser gefallen zu der zeit, also dafs es von wunderlicher Gottes gewalt was, vnd kam, dafs die wasser also grofs waren. Auch mit Namen zu Limpurg, da ginge die Lohne bifs vber die Schupe, dass man mit nachen allenthalben darüber fuhr. Vnd ist difs die erste wasserflut, die den alten leuten eingedencklich ist.

Anno 1347. Da wurden die von Coblentz jämer- (7.) lich erschlagen vnd nidergeworffen bey Grensauw, vnd verblieben [17]) jhrer todt 172 man, vnd wurden jhrer

---
[17]) blieben

dazu sieben gefangen. Das thete Reinhard Herr zu Westerburgk. Derselbige war gar ein Edler Ritter, von sinn, leib vnd gestalt, vnd ritt dem vorgenanten Keyser Ludwig nach, vnd machte dis lied:

> Ich dorste [16]) den hals zu brechen,
> Wer rechet mir den schaden dann?
> So hett ich niemand der Mich reche,
> Ich binn ein vngefreunder mann.
> Vff Ihr gnad acht ich kleine sach,
> Das lafe Ich Sie verstahn &c.

Da der vorgenante Keyser Ludwig das lied hörte, straffte Er den Herrn von Westerburg, vnd sagte, Er solte es der Frauwen gebessert haben. Da name der von Westerburgk ein kurtze zeit, vnd sagte, Er wolte es der frauwen bessern, vnd sang dis lied:

> In Jammers nöten Ich gar verbrinn
> Durch ein Weib so minnigliche &c.

Da sprach Keyser Ludwig, Wasserburg hat es vns nun wol gebessert &c.

In dissem jar regirt ein Bapst zu *(Auinion) Abigun*, genant Clemens. 6. Vnd was sein werck, dafs er gar milt vnd gebig was armen pfaffen vnd schulern in Rechtfertigungs fachen, vnd sprach: *Tot moriuntur pro pecunia certantes quot moriuntur habentes:* Das laut also: Es sterbent also viel die nach Gut stehend, als die jenen thun die es han.

(8.) In derselbigen zeit, vmb ein Jahr darnach, wurden zwen Römische Konig gekoren vnd gewehlet von den Churfürsten. Ein part wolt haben des blinden Konigs Johannis Sohn von Beheim, von dem vorgeschrieben steht.

---

[18]) dörffte.

Die ander part wolt haben einen Grafen von Schwartzenburg aus Thüringer land, Der was genant Gunther. Vnd in der neuwen [19]) reise, als man solte vor Franckfurt liegen, nach gewonheit des H. Reichs, da wurd Konig Gunthern vergeben, daſs Er starb. Vnd das thete ein Artzt, der war genant Freydanck, Vnd dem solte darumb worden sein das Bistumb zu Speier. Als aber Er dem Konig den tranck zu sehr gelobet, muste derselbigo Freydanck andrincken den er dem Konig geben wolte, den Er vergift hatte, vnd starb Er mit dem Konig. Vnd hette der vorgenante Konig gefolgt der lehr, als der weiſe Cato seinen Sohn lehrete,

Consilium arcanum tacito committe sodali
Corporis auxilium medico committe fideli.

Konigs Johannis von Beheim Sohn Carolus IV. verplieb Romischer Konig, vnd ward Keiser mit rechter gewalt. Derselb Carolus war weiſs vnd wolgelärt, also daſs Er der Meister zu Prag disputation suchte vnd sich wol damit richtete. Derselbige Carolus hatte einen Meister, der Ihn zur schul furthe, dem schlug Er ein Aug auſs, vmb daſs er In || straffete. Das besserte Er jm wol, (9.) vnd macht jhn zu einem Ertzbischoff zu Prag, darnach zu einem Cardinal. Derselbig Keiser regirte als ein Löw, mehr dann 30 Jahr, als hernach seine *gesta* in folgenden Jahren geschrieben stehen.

Nun soltu wissen, alles das nach datum 1347. biſs man schreibt 1420, das ist alles bey meinen tagen geschehen, vnd han ich das mit der hülf Gottes gesehen vnd gehört von meinen Kindlichen tagen bisher, vnd was ich jung vernommen han das *notabile* [20]) ist, das han

---

[19]) neuen [20]) notable

ich von der zeit, daſs ich 30. jahr alt was, bis hernach alles geschrieben.

Anno 1349. Da kam ein grosses sterben in Teuschlandt. Das ist genant das Grosse sterben, vnd das erste. Vnd starben an der Drüsen. Vnd wen das anging, der starb an dem tritten tag. Vnd in der masen sturben die leut in den grosen stätten, zu Coln, zu Meintz &c. vnd also meinstlich alle tage mehr dann 100. menschen, oder in der mase, in den kleinen stetten sturben teglich, 20. 24. oder 30. also in der weisse. Das werete in jeglicher Stat vnd Land mehr dann ein viertel Jahrs. Vnd sturben zu Limpurg mehr dann 2400. menschen, ausgenommen die kind.

(10.) Da das volck den grosen jammer sahe vom || sterben das auf Erdreich was, da fielen die leut gemeinlich in ein grosse reuwe jhrer sünden, vnd suchten Poenitentien, vnd theten das mit eigenem willen, vnd nahmen den Bapst, vnd die H. Kirch, nit zu hülf vnd zu raht. Das grose thorheit was, vnd grosse vnvorsichtigkeit, vnd verseumnuſs vnd verstopfung jhrer seelen. Vnd verhaften sich die mannen in den Stätten vnd im land, vnd gingen mit den Geyselen, hundert zwey oder drey hundert oder in der maaſs. Vnd was Ihr leben also, daſs etlich Parthey gingen 30. tag mit den Geyseln von einer statt zu der andern, vnd furten Creutz und Fahnen, also in den Kirchen, vnd mit Kertzen vnd mit der Process. Vnd wo Sie kamen vor ein Statt, da gingen sie mit einer Procession zwey beyeinander biſs in die Kirchen, vnd hatten hüt auff, daran stund vornen ein rot Creutz, vnd jeglicher trug sein Geyssel vor jhm, vnd sungen jhr Laisen also:

Ist disse Bedefarth so Here,
Christ fuhr selbst zu Jerusaleme,
Vnd furt ein Creutz in seiner hand,
Nun helf uns der Heiland.

Der laife war da gemacht, vnd singet man den noch, wann man Heilgen tregt. Vnd hatten Sie jhre Vorsinger zween oder drey, vnd sungen sie jhnen nach. Vnd wann sie in die Kirch kamen, theten sie die Thür zu, vnd theten all jhr kleider aufs, bifs auff jhr Nidercleider, vnd ‖ hatten von jhren enckeln bifs auf jhr lenden kleider (11.) von leinentuch, vnd gingen vmb den kirchhof zwen vnd zwen beyeinander in einer Process, als man pflegt vmb die Kirchen zu gehen vnd zu singen. Vnd jhr jglicher schlug sich selber mit seiner geisel zu beyden seiten vber die achsel, dass jhnen das blut vber die enckel flofs, vnd trugen Creutz, Kirtzen vnd Fahnen vor. Vnd jhr gesang was also, wann Sie vmbgingen:

Tretten herzu wer busen will,
So flihen wir die heise hell,
Lucifer ist ein böser Gesell,
Wen er hat,
Mit bech er jhn labt.

Des was noch mehr, vnd in der final des gesangs oder lids sungen Sie:

Jesus ward gelabet mit Gallen,
Des sollen wir an ein Creutz fallen.

So knieten sie alle nieder, vnd schlugen alle Creutzweifs mit aufgereckten armen vnd henden auf die Erden, vnd lagen alda. Vnd hatten vnder sich gemacht ein grose verderbliche Thorheit, vnd wehneten das wer gut: (Mit namen, Wann sie gefallen waren, wer da vnder jhnen was, der sein Ehe gebrochen hatte, der legt sich

auf seine seiten, dafs man solte sehen, dafs er ein Ehebrecher were: vnd wer ein mord gethan hatte, er wer heimlich oder offenbahr, der wande sich vmb vnd wande sich auf den ruck: So dan, der meineydig war, der reckete zwen finger neben den daumen aufs in die höhe,
(12.) dafs man sahe, ‖ dafs er ein meineydiger schalck war, vnd also:) wiewol das Ritter vnd Knecht, Burger vnd Gebauren alle in einem einfeltigen sinn gingen mit der geisel, verloren sie allesammen jhren geistlichen sinn, vmb dass Sie ohn laub der H. Kirchen selbsten bufs setzeten, vnd macheten sich selber zu schelcken vnd böfswichten. Dann, wen man hatte gehalten in contract vnd kundschaft vor einen Erbarn man, der machte sich selber zu einen schalck, also dafs er nimmer döchte auf Erdreich an Eren vnd an Seligkeit. Vnd ward deren mancher verderbt vnd gehangen in Westphalen vnd anderswo, vnd wurden verweisset von dem Raht, da Sie in gesessen hatten, nach dem als das vorging in Westpfalen vnd anderswo.

Auch wann die vorgenante geifelbrüder aus den Stetten gingen, vnd hetten jhre bufs gethan, so gingen Sie aufs mit Creutzfahnen [21]) vnd Kertzen mit jhren processen. Vnd leifen [22]) jhnen jhre Vorsenger jhre Laifen. Der gesang war also:

<blockquote>
O Herr vatter Jesu Christ,
Wann du allein ein Herre bist,
Du hast uns die Sünd macht zu vergeben,
Nun gefrist uns hie vnser leben,
Dafs wir beweinen deinen Tod,
Wir clagen dir Herr all vnser noth.
</blockquote>

---

[21]) Creutz, Fahnen [22]) laisen.

Das war noch mehr. Auch sungen Sie ein ander laiſs, der was also:

> Es ging sich vnser Frauwe, *Kyrieleison*. (13.)
> Des morgens in dem Tauwe, *Halleluia*.
> Da begegnet jhr ein junge, *Kyriel*.
> Sein bart was jm entsprungen, *Hallel*.
> Gelobtt seystu Maria.

Du solt wissen, daſs disse vorgenante Leyſsen alle wurden gemacht vnd gedicht in der Geiselfarth, vnd ward der weiſen keine mehr zuvor gehört worden. Auch hatten die Geyseler den sitten, dass Sie keinen weibern zusprachen in der Geyselfarth. Also gingen Sie vmb mit thorheit, vnd wusten nit das end, das davon kommen solt oder möcht. Alda spricht der weisse Meister also:

> *Quicquid agis, prudenter agas & respice finem.*

Fortan, wann die Geyseler also gefallen hatten, als vorgeschrieben [23]) steht, so lagen sie auff der Erden, also lang, daſs man fünf paternoster mocht gesprochen han: Dann kommen [24]) zwen, die sie zu Meister haben gekoren, vnd geben jglichen einen streich mit der Geysel, vnd sprechen also: Standt auf, dass dir Gott alle deine Sünd vergebe. So stunden sie auf jhre knie. Die Meister vnd die Senger sungen vor:

> Nun recket auf euwere hend,
> Daſs Gott das grosse sterben wend.
> Nun reckend auf ewere arm,
> Daſs sich Gott vber vns erbarm.

Vnd da reckten sie alle jhr Arm auf, Creutzweiſs, vnd jeder schlug sich an die brust drey schläge oder viere, vnd huben alle an zu singen.

---

[23]) vor geschrieben [24]) kamen.

(14.) Nun schlagt euch sehre,
Durch Christus Ehre,
Durch Gott so last die hoffart fahren,
So will sich Gott vber vns erbarmen.

So stunden sie auf, vnd gingen widerumb, vnd schlugen sich mit den Goyseln, dafs man jamer an jhnen sahe. Da das geschehen was, da gingen die Ehrbare leut dar, vnd luden die Geyseler heim, einer vier, sechs oder sieben, vnd theten jhnen gütlich vber nacht. Auff den Morgen, so gingen sie wider hinweg, in einer procession vnd Creutzen, in ein ander Statt oder Land.

Dafs lase dir ein spiegel sein, vnd sage es deinen kindern, ob es noth geschehe auf Erden, vber disse hundert Jahr vnd eher, dafs sie sich davor hüten, dafs sie solche ding nit angehen ohn Raht der H. Kirchen, als Aristoteles der Heydnische Meister spricht, in dem Buch das da heiset Ethicorum: *Facta praeterita certa dant documenta futuris.*

In dissen jaren was gute zeit von Früchten vnd wein. Da disse Geyseler gegangen hatten den Sommer, da ging *annus jubilaeus* an zu Weihenachten, allernechst darnach. Das hiesen Sie Jubeljahr, vnd liefen die leut gen Rom, vnd die mit den Geiseln gangen hatten. Vnd die auch von Rom kamen, wurden eins theils böser als sie vor gewesen waren.

(15.) In demselbigen Jahr *jubilaeo*, da das sterben aufhorete, da wurden gemeinlich die Juden in Teuschen laden erschlagen, vnd verbrant. Das theten die Fürsten, Herrn Grafen vnd Stette, ohn allein der Hertzog von Ostereich, der erhielte seine Juden. Vnd gab man den Juden schult, dafs Sie den Christen vergeben hetten, vmb dafs sie also sehr gestorben weren. Da ward jhr fluch war, den Sie selbst gethan auf den H. Charfreittag, wann man in der passion lieset, *Sanguis ejus sit super nos & filios nostros.*

Anno 1351. hatte die Statt zu Limpurgk ein verbündnuſs vnd eintrechtigkeit gethan mit Graf Johan von Nassauw vnd Herrn zu Hadmar. Vnd hatten die feind, mit namen die von Hatzfelt, den Grafen geschädigt, vnd waren die vō Limpurgk mit Jhm jagende, vnd wurden sich mit den feinden raufen bey Lauwenburgk, [25]) vnd der vorgenante Graf wurde gefangen, mit viel seinen dienern. Vnd deren von Limpurg blieben alda auch vier todt, die mechtigsten in der Statt vnd viel gefangen. Vnd geschach das auf den tag exaltat. S. Crucis.

In derselbigen zeit vnd manch Jahr zuvor, da waren die Wafen als hernach geschrieben stehet. Ein jglich gut man, Fürst, Graf, ‖ Herr, Ritter vnd Knecht, die waren (16.) gewapnet mit platten, vnd auch die Burger mit jhren wapenröcken darüber, zu stürmen vnd zu streiten, mit schossen vnd lipeisen, das zu der platten hörte, mit jhren gekrönten helmen, darunder hatten sie kleine bundhauben. Vnd furthe man jhnen jhr schilt vnd jhre tarschen nach vnd glene. Vnd den gekrönten helm furth man jhnen nach vff einem globen. Vnd furthen Sie an jhren beinen streichhosen, vnd darüber grose weitte lersen. Auch furten sie beingewand, das war vornen von leder gemacht, also armbleder oder also von syreck gestipt vnd eisen bocklein vor den knien. Da wurden die reisige leut geacht an hundert, zwey hundert &c. gekrönter helm.

---

[25]) V: Lanenburg.

Die **Kleidung** von den Leuten in Teutschen landen was also gethan. Die alte leut mit namen, trugen lange vnd weite kleider, vnd hatten nit knauf, sondern an den Armen hatten sie vier oder fünf knäuf. Die ermel waren bescheidenlich weit. Dieselben röck waren vmb die brust ober gemützert und geflützert, und waren vornen aufgeschlitzt bifs an den gürtel. Die junge menner trugen kurtze kleider, die waren abgeschnitten auf den Lenden, vnd gemützert vnd gefalten mit engen armen. Die kogeln

17.) waren grofs. Darnach zu hand trugen sie Röck mit vier vnd zwentzig oder dreissig geren, vnd lange hoicken, die waren geknauft vornen nieder bifs auff die füfs. Vnd trugen stumpe schuch. Etliche trugen Kugeln, die hatten vornen ein lappen und hinden ein lappen, die waren verschnitten vnd gezattelt. Das manches jahr geweret.

Herrn, Ritter vnd Knecht, wann sie hoffarten, so hatten sie lange lappen an jhren armen bifs auf die erden, gefüdert mit cleinspalt oder mit bund, als den Herrn vnd Rittern zugehört, vnd die Knecht als jhnen zugehört.

Die Frauwen gingen gekleidet zu Hoff vnd Dentzen mit par kleidern, vnd den vnderrock mit engen armen. Das oberste kleid heise ein Sorkett, vnd war bey den seiten neben vndenauf geschlissen, vnd gefüdert im winter mit bund, oder im sommer mit zendel, das da zimlich eim jglichen weib was. Auch trugen die Frauwen die Burgersen in den Stetten gar zirliche hoicken, die nente man Fyllen, vnd was das klein gespense von disselfet, kraufs vnd eng beysammen gefalten mit einem same bey nahe einer spannen breit, deren kostet einer Neun oder Zehen gulden.

In derselbigen zeit sung man ein neuw lied in

Teutschen landen, das war gemein zu ⁞ pfeiffen und zu (18.) trommeten vnd zu allen Freuden:

> Wisset, wer den seinen je auserkleset,
> Vnd ohn alle schuld sein treuwen freund verlieset,
> Der wird viel gern siegelofs,
> Getreuwen freund den soll niemand lasen,
> Wenn man das vergelten nit en kan.

Das Lied gleichet man der schrift *in moribus*, als da spricht *Aristoteles in Ethic. lib. 9. Amicus est consolativus amico, & visione & sermone.*

Auf disses fang man aber ein gut lied von Frauwen zuchten, vnd sonderlich auf ein Weib zu Strafsburg, die hiese Agnes, vnd was aller Ehren werth, vnd trift auch alle gute Weiber an. Das Lied ging also:

> Eines reinen guten Weibs angesicht,
> Vnd frölich zucht dabey,
> Die seind warlich gut zu sehen.
> Zu guten weiben han ich pflicht,
> Wann Sie seind alles wandels frey, &c.

In derselbigen zeit ward Falckenstein in dem land zu Hessen, ein Burck, aufgeschlagen, ein meil wegs von Fritzlar. Das thaten die Ritterschaft, die hiefen die Hunde, gar nahe gelegen bey Niderstein.

Darnach nit lang, fang man aber ein gut Lied, von weifs vnd von worten durch gantz Teutschland, also:

> Ach reines weib von guter art
> Gedenck an alle Stetigkeit,
> Dafs man auch nie von dir sait
> Das reinen Weiben vbelsteit.
> Daran soltu nu gedencken, (19.)
> Vnd solt von mir nit wencken.
> Diewell dafs ich das leben han.

> Noch ist mir eine clage noth
> Von der liebsten Frauwen mein.
> Dafs jhr zartes mündlein roth
> Will mir vngenedig sein.
> Sie will mich zu grund verderben,
> Vntrost will sie an mich erben,
> Dazu en weifs ich keinen Raht.

Anno 1350. In dieser zeit was ein Bischof zu Mentz, der hiefe Burseman mit dem zunamen, vnd was von Virnberg geboren, vnd hiefe darumb Bursman, dafs Er gern dranck. Dieser ward [26]) feind des Hochgebornen Fürsten, Landgraf Heinrichs zu Hessen. Der war ein Vrenckel Frauwen Elisabeth der Heiligen Frauwen, als vorgeschrieben steht. Der krigo hatte geweret manche zeit vnd jahr, also dafs Sie manche Ponytz, gerennse vnd Scharmitziren hatten. Vnd des zog der vorgenant Landgraf Heinrich mit grosser gewalt vor ein burgk die hiefe Haldersen, die lag bey Geismar, vnd lag lang dafür. Vnd gaben die darinnen waren, die Burgk auff, mit solchem vnterscheid also, Keme der Bischof von Mentz vnd derselb Stift vmb ein Monat, vnd besöneten Sie, so solten Sie lofs sein der einlasung. Vnd da der Monat vmb was,

(20.) vnd der Bischof nit kam, da || war der Landgraf mit grosem volck, mit dem Hertzog von Braunschweig, vnd mit dem Marggrafen von Meisen, vnd wolten gestritten haben, ob der Bischoff kommen were, vnd namen das Schloss ein, vnd zubrachen das bifs auf den grundt.

Darnach in demselbigen, da kam der vorgenante Bischof mit groser gewalt gen Fritzlar, vnd zog dannen bifs gen Gudesberg, vnd wolte das gantze land schedigen bifs an Cassel. Da kamen die Lapdgrauischen dem

---

[26]) war ein F.

Bischof entgegen zu Gudesberg, vnd stritten einen grosen streit. Da fing der Landgraf einen Herrn von Virnberg, einen Herrn von Duno, vnd andere viel Ritter vnd Knecht von dem Reine vnd andern Land. Vnd viel Leut verplieben auf beyden seiten todt. Vnd der Landgraf behielt das Land mit grosen ehren.

Darnach da das Sterben, die Geiselfarth, Romerfarth, Judenschlacht, als vorgeschrieben stehet, ein end hatte, da hub die welt wider an zu leben vnd frölich zu sein, vnd machten die mann neuwe Kleidung. Die röck waren vnden ohne geren, vnd waren auch abgeschnitten vmb die lenden, vnd waren die röck einer spannen nahe vber die knie. Dar||nach macheten sie die röck also (21.) kurtz, eine spann vnder den gürtel. Auch trugen Sie hoicken, die waren all vmb rund vnd gantz. Das hiefe mann Glocken, die waren weit lang vnd auch kurtz. Da gingen lange schnebel an den schuhen. Die frauwen trugen weite hembde [27]) ausgeschnitten, also dafs mann jhnen die brust bey nahe halb sahe.

In disser zeit vergingen die Platten in dissen Landen, vnd die reisigen leut, Herrn, Ritter, Knecht vnd Burger, die furten alle schupen pantzer vnd hauben. Da achtete man reisige leut also, an hundert oder zwey &c. [28]) mann mit hauben. Die mainirung von den schaupen hatten bescheiden leng, vnd die arm waren eins theils einer spannen von der achsen [29]) oder zweyer spann, vnd eins theils hatte nit mehr dann da man die arm auftofet, [30]) vnd hatte seidene quasten hinden nider hengen, Das was freudig. Die Vnterwammes hatten enge arm, vnd in dem

---

[27]) ausgeschn. Hembde [28]) soll heissen : c = zwey hundert [29]) zwischen s und e ein unkenntlicher Buchstabe, vielleicht l. [30]) ausstosset.

gewerb waren sie benehet vnd behaft mit stücken von pantzer, das nante man Museisen.

In derselben zeit starb der vorgenante Bischoff Bursman von Mentz, vnd an seine statt kam Graf Gerlach von Nassauw. Der war ein enckel Konigs Adolfs
(22.) von Nassauw, || von dem vorgeschrieben stehet. Vnd da ward der Krig mit dem Landgrafen gesünet. Dann der Landtgraf Heinrich Bischoffen Gerlachen sehr hulfe vnd beystunde gegen Bischof Burfsman vorgenant.

Anno 1351. Da ward Brackenburg aufgeschlagen, vff den Schederberg zwischen Gottingen vnd Gemünden.

Anno 1352. Starb Bapst Clemens vnd ward Innocentius VI. gekohren.

Anno 1353. Da starb der Ehrwürdig Fürst Balduin, Ertzbischoff zu Trier, geboren von Lützelberg, Keyser Heinrichs Bruder. Der was ein klein man, vnd thet doch grose thaten oder werck. Vnd ward Konig Johans von Beheim, sein Bruder sohn, erschlagen in Franckreich in einem streit. Das thet ein Konig von Engelland. Derselbig Konig clagte Gott sehr Konige Johansen tod, vnd sprach: Nu müsse es Gott immer erbarmen, dafs ich dich todt sehe, Ich hette dich alwegen gern lebendig gesehen. Der vorgenant Balduinus der schlug ein Burgk auf bey der Lohne nit fern von Limpurg, vnd nant die Balduinsstein. Das thete er vor langer zeit hievor in der neuwen leise, ehe dann Er ein Bischoff was worden. Darnach
(23.) schlug Er auff, Baldenauw auff || dem Hundsruck, So dann Baldeneck vnd Baldenrüsse. Die nante Er allesampt nach seinem Namen. Auch gewan Er Munkeller, ein siegenlich haufs, davor lag Er drey virtheil jahr, vnd auf den H. Christag sang Er selber Mefs vor dem vorgenanten Schlofs Munkeller in seinem gezelte. Auch so halff Er

gewinnen Hassoloch, Altankerhausen, Schadeck vnd Vilmar. Da Vilmar erst gewonnen war, so galt Er die Statt vnd Herrschaft zu Limpurg, als vorgeschrieben steht. Auch so lag Er mit seiner gewalt vor Prag vnd dem gantzen Konigreich von Beheim, vnd half seinem vettern Konig Johannen. (Dann die Beheimen wolten jhn nit vor jhren Konig halten) Vnd behilt da seinen willen mit Ehren. Vnd Konig Johann obgenant, blieb ein Konig zu Beheim mit Ehren. Der hatte einen Sohn, der ward hernach ein gewaltiger Romischer Konig vnd Keifer, genant Carolus der vierdte. Der regirte als ein Low. Also mag ich denselben Balduin gleichen, als Konig David spricht in dem Psalter: *Tibi derelictus est pauper, orphano tu eris adjutor:* Das laut also:

Dir ist befohlen der arme mann,
Dem waisen soltu zu hülff stahn.

Nach Bischof Balduin kam Bischoff Bemund Ertz- (24.) bischoff zu Trier, der was da geboren.

Anno 1354. Da starb der Edle Herr Gerlach, der alt Herr zu Limpurg, der gar Tugentlich vnd Adelich gelebt, vnd sein leben zu einem seeligen end gebracht hatte. Dann Er nit hundert gulden genommen hette, dafs Er einem Armen man in seiner kuchen ein habermel gessen hette, er solte jhn bezalt [31]) han, vnd gabe jhm der heilige Geist in seinen sinn, dafs Er sein leben vnd end in gerechtigkeit ehrlich beschlofs, vnd hatte erkohren vnd auserwelt die Tugend, die da heisset Gerechtigkeit, die vor allen Tugenden gehet: Als da spricht Aristoteles 5. *Ethicor: Praeclarissima omnium virtutum est justicia.* Das lautet also viel.

---

[31]) es ihm dann bez.

Die grosest Tugend die je geward
Ist Gerechtigkeit fonder part.

Auch spricht de Legib. Institut. *Tribuit unicuique quod suum est.* Das bedeutet also:

Die Gerechtigkeit ist ein sonderlich Vafs
Vnd gibt jedem das sein sonder lafs.

Hernach vber zehen Jahr starb Frauw Kungund, Frauw zu Limpurgk, vnd liese auf Erden drey Töchter vnd fünf Söhne. Der eltest hiese Juncker Gerlach. Der (25) an‖der, Herr Rudolf, war ein Thumherr zu Cöln, vnd zu Würtzburgk ein Archidiacon. Der dritte ein Thumherr zu Cöln und zu Trier. Der virte hiese Otto, vnd war ein Teutscher Herr. Der fünfte hiese Herman, [und was ein waidlicher mann, den man vnter allen Herren finden mögte. Der war bey dem Hertzogen von Beyern, Pfaltzgrafen bey Rein, Der hielt Jhn ehrlich bifs in sein tod. Vnd wie es vmb die Brüder kommen, das stehet hernach geschrieben. Die elteste tochter die hiesse Jungfrauw Ida, die kaufte einen Grafen von Kirchberg. Die ander hiese Jungfrauw Kungund, die starb ein Jungfrauw [32]). Die dritte hiese Jungfrauw Else, vnd was ein gut Jungfrauw zu kaufen, vnd war bey der Landgräfin von Hessen, die Jhr grose Ehr thete.

Ein jahr hernach oder in der masen, da ward die Burg Hollenfels ein meil wegs von Limpurg an der Fossenhelten aufgeschlagen vnd gebauwet. Das thete ein Ritter von Langenauw, genant Daniel. Dazu half jhm Graf Johann von Nassauw, Herr zu Merenburg.

Da man schreib 1354. da was ein groser streit in Franckreich, der kam also. Der Konig in Engellandt

---

[32]) als eine J.

zog mit groser gewalt || vber den Konig von Franckreich, (26.)
vnd lage in dem Land vnd herschet, vnd gewann Jhme
Land Leut vnd Schlofs ab. Des bewarb sich Konig Johann
zu Franckreich mit groser gewalt, also dafs man sein
volck achtet mehr dann an 12000 Ritter vnd Knecht. Vnd
blieben todt bey 5000 man, vnd Konig Johann von
Franckreich ward gefangen vnd verlohr das felt, vnd
ward gefürth gen Engelland, vnd geschetzet vor ein gelt,
vnd ward lofs. Vnd was viel Ritterschaft von dem Rein
vnd von der Lohne. Vnd sonderlich so war der Edel
Graf Johann zu Nassauw, Herr zu Merenberg, auf des
Konigs seiten von Franckreich, vnd ward mit grosen
Ehren gefangen, vnd ward Juncker Craft sein bruder erschlagen, vnd blieben bey Jhm tödt Erbar Ritterschaft von
der Lohne mit namen 16. Auch hatte der vorgenante
Konig von Franckreich dreywerle [33]) mehr Ritter vn
Knecht, dann der König von Engelland, jedoch verlohr
Er den streit, als die heilige Schrift spricht: Der Sieg
ist von dem Himmel: Vnd Judas Macchabaeus: *Non in
multitudine gentis est victoria, sed de coelo venit.* Vnd
darnach nit lang, so machte der vorgenante Konig von
Franckreich, Graf Johannen von Nassauw, vnd seine
freund, || alle ledig vnd lofs, vnd gab Graf Johannen alle (27.)
jahr sein lebtag tausend gulden gelts, vmb dafs Er in
dem streit vnd andern streitten zu Franckreich so herrlich vnd ritterlich gefochten hatte.

Auch hatte Graf Johann ein weib, die war von
Saarbrucken. Die hiefe Johanna. Die lebete nach dem
streit zu Franckreich bey nahe zwantzig Jahr, vnd liefs
zwo töchter, die waren klein. Vnd sein haufsfrauw trug

---

[33]) dreymahl (dreywerbe).

einen Sohn nach seinem tod, genant Philippus. Die eine Tochter Johanna, kaufte Landgraf H e r m a n zu Hessen. Die starb nit lang hernach ohne leibserben. Die ander Tochter kaufte ein Herr von Hennenberg in Sachsenland. Mehr dan zwantzig jahr nach Graf Johansen tod, kaufte der vorgenant Juncker Philips ein weib von Spangenberg, vnd die Grafschaft von Saarbrucken erstarb auf Jhn gentzlichen, vnd stehet hernach geschrieben wie Er regiret hat. Dann es hie kein statt hat.

In diesser zeit erschlug eines Herrn Sohn von I c k e r, [34]) das da stosset an das land, von Hessen, zu todt seinen vettern, darumb dafs Jhme die Herrschaft Icker [34]) werden möchte. Vnd vmb den grosen mord vnd bosheit, zogen
(28.) die zween Fürsten, Herr G e r l a c h Ertzbifschoff zu Mentz, geboren von Nassauw, vnd Landgraf H e i n r i c h zu Hessen, vnd Graff Otto von Waldecken, vor das Schlofs Icker, [34]) vnd vor andere sein Schlofs land vnd leut, vnd gewonnen das Schlofs, land vnd leut, vnd behilten das vnder sich, vnd behaltens zu ewigen tagen die Herrschaft von Icker. [34])

Anno 1355. ward K i r c h b e r g in der Grafschaft Dietz, begriffen zu einer Statt. Das thete Graf G e r h a r d von Dietz vorgenant, vnd brache die Kirchen ab, vnd bauwete die Burck vf die Statt, vnd ward da genant Kirchburg, vnd zuvor hiese es Küpurg [35]). Derselbige Graf Gerhard hatte einen krieg vnd Fehde mit Graf J o h a n n von Nassauw, Herrn von Merenberg vorgenant, vnd muste der Graf von Dietz Jm das Schlofs gleich halb geben, vnd wurden damit gestillet, vnd ist seinen Erben bifs auf dissen heutigen tag. Der vorgenant Graf Gerhard, war gar ein schöner Ritter von aller seiner gewalt, vnd dazu

---

[34]) V: Jtter [35]) V: Kirchdorff.

so hatte Er ein schön Weib, als Sie in allen Teutschen landen was, Die was von Westerburg Herr Reinhards tochter, von dem hievor geschrieben stehet.

Ein jahr oder zwey hernach, machte der vorgenante Graff von Dietz Gerhard, ein || Statt aufs Camberg in (29.) seinem land. Dann es vorhin ein dorf was.

In disser zeit vnd etliche zeit hievor, was ein Hertzog zu Beyern, genant Ruprecht, Pfaltzgraf bey Rein, der aller höchst vnd hochwürdigst Fürst, der in Teutschen landen sein möchte. Vnder allen Fürsten, Grafen, Herrn, Rittern, [36]) fande man nit seines gleichen in Teutschen landen mit groser Herrschaft vnd mit herligkeit, es bereit mit hobern, mit tormen, oder mit dem zuge, zu schimpf oder zu ernst, vnd volfurete das bifs an sein End, als du sein end also wol findest, auff die zeit als das geschach, als du hernach findest geschrieben. Vnd in aller seiner herrligkeit fand man drey tugend an Jhm, als, dafs Er die Priesterschaft vnd die Kirchen vnd Clöster vnd Clausen beschirmete, vnd Wittwen vnd Waisen thet Er desselben [37]) gleichen, dazu hatte Er die Ritterschaft lieb, vnd schauwert daran keinen kosten. Vnd gleiche ich seine wolthat vnd herschaft, als Salomon vns beschreibet: *Ubi multae sunt divitiae, multi sunt earum consumptores.* Das bedeutet also: Wer viel Gut besitzet, der mufs viel verzehrer han.

In derselbigen zeit vnd jahr da waren die || grose (30.) Herschaften in dem land zu Westpfalen, die kurtz nach dissem jahr verstorben seind ohn rechte leibserben. Die eine was die Grafschaft zu Lahne, die ist kommen an den Grafen von dem Bergk, der darnach ein Hertzog

---

[36]) und Rittern [37]) desselbigen.

worden ist. Die ander Grafschaft ist genant von Rabonfpurg. Die dritte hiese die Grafschaft Arnfpurg, die Sonte. Dieselbige letzte gab Er mit willen an den [38]) Stift zu Cöln, vnd Er ligt in dem Stift zu Cöln begraben. In denselbigen zeiten sang man dis lidgen:

> Ach Gott dafs ich [39]) Sie melden mufs
> Die ich mich zu der Frauwen hatt erkohren,
> Das thut mir warlich allzumahl webe,
> Mocht mir noch werden ein freundlicher grufs,
> Des Ich so lang hab entboren.

Anno 1356. da waren grose Erdbeben. Vnd der beben waren viel, vnd geschahen gar eintzeling, heut vnd morn, [40]) darnach vnd aber mehr, hie vnd da. Vnd wehret das lenger als ein virtheil [41]) Jahr. Vnd sonderlich auf S. Laux tag des heiligen Evangelisten, da was der Erbeben also grofs, dafs Basel auf dem Rein die herrliche Statt wurd beweget, dafs sie bey nahe zumahl vmbfiel, vnd dazu manche Burgk vnd Türn in denselben landen, die alle vmbfielen [42]). Auch verpliehen zu Basel (31.) gar || viel leut todt, die vnder den heusern erschlagen vnd ertruckt wurden.

In disser zeit fang man das Tagelied von der Heiligen Passion, vnd war neu, vnd machte es ein Ritter:

> O starcker Gott, all vnser noth.
> Befehln wir Herr in dein gebott,
> Lafs vns den tag mit gnaden vberscheinen:
> Die Nahmen drey, die stehend vns bey
> In allen nöthen wo wir sein,
> Die Nägel vnd das Sper vnd auch die Crone &c.

In demselben Jahr erhub sich grosser jammer, vnd kame das zweit grose sterben, also dafs die leut an den

---

[36]) das Stift [39]) ich mir [40]) morgen [41]) viertel. [42]) soll heissen: umbfielen

enden fturben in Teutsche landen mit grosen haufen an derselben feuchte, ⁴³) als sie sturben im ersten sterben, vnd wo es nit hinkam in dissem jahr, da kam es hin in dem andern jahr, vnd ging auch also. So galt das korn vnd die frucht sein gelt, dafs es an manchem land gar hertiglich vnd gar kümmerlich stund, sonderlich in Hessen vnd Westphalen vnd darumb ⁴⁴) vnd anderswo. Item der Wein galt grofs gelt: Mit namen galt ein quart weins von Elsassen vnd ⁴⁵) zu Limpurgk fünf Englisch: das ist war. Vnd der landwein vnd vom Rein galt einen schilling pfennig.

In dissem jar ward Langenauw, gelegen zwischen Nassaw vnd Auwer, ⁴⁶) auff einem bergk bey der Lohne gebrochen ⁴⁷). Das thete || Bischof Bemund zu Trier. Vnd (32.) was erst neuwlich aufgeschlagen worden.

Demnach ein jar in dem monat Februario (das ist genant die Sporkell) da geschahen gar grofe greuliche donnerschläg vnd wunderlich grosse blicken, ⁴⁸) vnd das war vmb weinglocken zeit, vnd was wunderlich. Dann es was kalt, dazu im winter.

Anno 1357. wurden die von Wartpurg in Westphalen, in dem stift von Maulbron, die zwo gute stett, nidergeworfen. Das theten die von Hatzfelt, die Ritterschaft, vnd wurden gefangen bey hundert man, vnd bey virtzig getödtet. Die gefangene wurden lofs vmb 4000 Marck filbers.

In demselben jahr fang vnd pfieffe man in allen diffen landen, dis lied:

Mancher went, dafs niemand besser sey dann he,
Dieweil das Im gelingen,

---

⁴³) Seuche ⁴⁴) da herum ⁴⁵) Elsassen zu L. ⁴⁶). Auer ⁴⁷) zerbrochen ⁴⁸) blitzen.

Dem will ich wünschen dafs Im nimmer heil gesche,
Vnd will das frölich fingen.
Lieb, kehr dich an sein klaffen nicht,
Des bitt Ich durch die treuwe blofs.
Ist an im klein Ihr gut gelofs
Gar wol Ihr ftat das Angesicht.

Ein Jahr darnach oder dabey, da wurden die von Limpurg vor Merenburgk nidergeworfen. Das thaten die von Merenburgk, vnd blieben drey Erbare mann [49])
(33.) todt, dern || hiefe einer Hartung, vnd was ein fchulteifs vnd ein fchöpff zu Limpurg: vnd achtet man denselben Hartung vor den allerbesten layen in allen dissen landen. Auch wurden jhrer 10 oder zwölf gefangen.

Anno 1359. vmb S. Margrethen Mefs, da lag das Reich vor Vilmar, vnd Ertzbischoff Bemund von Trier, mit Herrn, Rittern vnd Knechten, mit denen von Limpurg vnd andern seinen Stetten, vnd auch mehr Fürsten vnd Herrn, vnd ward gewonnen. Und geburte sich, ehe dafs es gewonnen wurd, dafs die von Franckfurt solten der Katzen eine nacht hüten. Da kamen die feind in der nacht heimlich, vnd spickten die Katzen, vnd fticsen sie an vnd verbranten sie. Vnd verplieben deren von Franckfurt fünftzig todt. Vnd kam jhnen das von jhrer rechten Füllerey. Dann in vollerey je nie kein guts geschach, [50]) als S. Bernhard schreibt in einer Epistel: *Ebrietas non facit aliud, nisi quod cadit in lutum:* Das sprecht alfo aus:

Einem truncknen mann höret das zu,
In dem dreck liegen spat vnd fru.

In derselbigen zeit fang vnd pfieffe man dis lied:

---

[19]) männer [50]) geschehen.

Gott geb jhm ein verdorben Jar. (34.)
'| Der mich macht zu einer Nonnen,
Vnd mir den schwartzen mantel gab,
Den weissen Rock darunden.
Soll Ich ein Nonn geweŕden
Dann wider meinen willen.
So will Ich auch eim Knaben jung
Seinen kummer stillen.
Vnd stilt ⁵¹) he mir den meinen nit,
Daran mag he verliesen.

In denselben ⁵²) zeiten war ein Herr zu Würtzburgk, der war Keyser Carln, Konig zu Beheim, vngehorsam, vnd zoge der Keyser vber Ihn mit grosser Pomp vnd gewalt, vnd gewann Ihm viel leut vnd land an. Vnd hette es jm zumahl abgewonnen. Aber der von Würtzburg fiele jm zu fufs, vnd bat sein Gnad. Da thet Er es, vnd behilte doch der Keyser feinen willen mit grofen Ehren.

Anno 1360. ward Keyfer Carln, Konigen zu Beheim, ein Sohn geboren, deffen alle die Christenheit erfreuwet was, vnd wufte man nit, dafs fein alter ein wunderliche endt vnd leben haben würde. Den Sohn thete Er führen von Prag gen Nürnberg, vnd ward Er getauft vnd genant Wentzeslauw, vnd war sein Mutter geboren von der Schwedenitz. Zu der kindstauf kamen mehr dann virtzig oder funftzig geborne Fürſten, dem (35.) Keyfer zu freuden vnd zu dienst, jglicher das jm zugehört von seines Ampts wegen, vnd dazu Grafen, Herrn, Ritter vnd Knecht alfo viel, dafs vnzelig was, vnd hilten den aller herrligsten gröfeſten köstlichſten Hoffe zu Nürnberg, der je gesehen solt werden, mit grofser köst-

---

⁵¹) stillt ⁵²) denselbigen.

3*

lichkeit, zehrung, kleidung, vnd aller herrlichen manirung der Fürsten, Grafen, Herrn, Rittern vnd Frauwen, vnd mit ritterlichen Wapen, mit stechen, brechen vnd fechtirung, vnd von allem Spiel, das dazu gehöret. Vnd war geprüfet, dafs vf der Stechbane hilten alweg mehr dann taufendt mann mit verbundenen vnd gekrönten helmen.

In denselbigen Jahren verwandelten sich die Carmina vnd Gedichte in Teutschen landen.. Dann man bishero lange lieder gefungen hatte, mit fünf oder mit sechs gesetzen. Da machten die Meister neuwe lieder, das hieset [53]) Widerfang mit drey gefetzen. Auch hatte es sich also verwandelt mit dem Pfeiffenfpiel, vnd hatten aufgestigen in der Musica, dafs die nicht also gut war bishero, als nun angangen ist. Dann wer vor fünf oder fechs jaren ein guter Pfeiffer war im land, der dauchte jhn jtzund nit ein flihen.

Da fang man dis Widersang:

(36.)   Hoffen helt mir das leben,
           Trauren thet mir anders wehe etc.

In diſſen zeiten zog Landgraf Otto, Heinrichs Sohn von Hessen vorgenant, vber einen Abt von Fulda, mit zwelff hnndert glenen, vnd verzohe vierzehen tag in feinem land mit rechter gewalt.

In diſſen vergangenen Jahren, war der Ehrwürdig Cuno von Falckenstein, ein Thumherr zu Mentz, Vormunder vnd beschirmer des Stifts zu Trier. Vnd in der neuwen leife so bauwete Herr Philips von Isenburg, Herr zu Grenfauw, der wonete zu Vilmar, ein neuwe Burgk, vnd schlug die auf einen ſtein nit fern von Limpurg vnd von Vilmar, vnd ward genant Gretenstein,

---

[53]) hieſſe.

dann Sein liebge hieſſe Gretha, vnd nant die Burgk nach jhrem namen, vnd wolt Er jhr ein gut testament alda beſetzen. Vnd da die aufgeschlagen was, da ſpeiſet Er ſie, vnd mahnete ſie voll Ritter vnd Knecht, die waren fern aufs des Hertzogen land von Beyern, Pfaltzgrafen bei Rein, vnd wolten wol geneſtet han. Da kame der vorgenante Cuno von Falckenstein von des vorgenanten Stifts wegen mit Ritter vnd Knechten, vnd zog mit der glocken aufs mit der gantzen Statt von Limpurgk. Vnd die ‖ hatten des tags bey achthundert man gewapnet. (37.) Wol. Da Sie darquamen ⁵⁴) vor das haufs, da lagten Sie ſich nieder, aſſen vnd truncken eins, vnd ſtelten ſich zu ſtürmen. Vnd der vorgenante Herr Cuno ging ſelber mit denen von Limpurg vnd andern ſeinen Freunden, als feindlich zu ſtürmen. Vnd die auf dem Haufs waren, wurffen da feindlichen aufs, dafs man keinen geſehen konte. Vnd gewonnen das haufs vmb ein halben tag vnd je bafs in dem ein, vnd das mit rechter gewalt vberhaupt. Vnd was auch denen von Limpurg zu mahl ernst, ſintenmahl dafs es Ihnen ſo nahe beylage, vnd fingen auff dem haufs den hauptmann, Herrn Philipſen, mit Sechs vnd dreiſſig Rittern vnd Knechten, vn̄ zubrachen das haufs in den grund. Vnd ward Herr Cuno von Falckenſtein gar ſehr geworfen, dafs Jm ſein Antlitz mit ſchweitz vnd blut rann. Vnd ein Juncker von Runckel ward alda geworfen, dafs Er nicht lang lebete, der ward genant Heinrich. Das ſoltu wiſſen, dafs dem vorgenanten Herrn Philips geſchahe als David ſchreibt im Psalter, *Incidit in foveam quam fecit.* Das ſprech also:

---

⁵⁴) darkamen.

Eim andern hat Er ein grub gemacht, Vnd ist felber darein gejagt.

(38.) Den vorgenanten Herren Cunen vergleichen ich der Tugendt, die da heiſſet Stercke: als da schreibet Aristoteles lib. 3. Ethicor: *Fortitudo est aggressus terribilium ubi mors videtur perimere.* Das foltu also verstahn:

Der Tugend eine heiſt Sterck,
Die pfleget ſterckliche werck.
Daſs Sie erlöfs das gemeine Gut,
Darumb so stilt [55]) sie jhren mut.

Nun solt du wissen, der nach hundert jaren geboren soll wissen ein *memorabile*, das ist, ein gedechtnus, das vor dem haus geschach, vnd kam also. Da man folte zu Sturm gehen, da kompt rennen ein Amptman das Bischoffs von Trier, vnd sprach wider die Burgermeister vnd Burger zu Limpurg, daſs Sie sich ſtelten, vnd gingen dauor zu Sturm. Darauf antwortet jhm der Burgermeister mit namen Johann Bopt, [56]) vnd sprach also: Wir seind hier daſs wir ſtreitten wollen. Das dorfend [57]) jhr nit gedencken, daſs man den graben mit denen von Limpurg allein füllen solle. Ritter vnd Knecht sollen bey vns nidertretten. Zu denen wollen wir vns mengen, vnd mit ihnen zu gleich zu ſturm gehen, vnd wollen nit die letzten sein. Da der Amptmann vnd andere

(39.) Ritter vnd Knecht die Antwort höreten, da fielen Sie nieder mit denen von Limpurg, vnd gingen zu Sturm, vnd niemand gab dem andern im sturm nit zu fertel; [58]) vnd ſtürmeten als vorgeschrieben steht.

Mehr ſoltu wissen die physionomy vnd gestalt Herrn Cunen vorgenant. Dann ich Ihn' dick [59]) ge-

---

[55]) stillt [56]) V: Bope [57]) dörfft [58]) Vortheil [59]) offt.

sehen vnd geprüfet han, in feinem wefen vnd in mancher seiner manirung, dafs Er was ein herrlich ftarck man, von Leib, von Perſon, vnd von allem gebeine, vnd hatte ein grofs haubt mit einer ſtrauben, ein weitte braune grelle, ein weit breit Antlitz mit baufenden backen, ein scharpf manlich geficht, einen bescheidenen mund mit gleffe etlicher mafen dick, die nafs was breit mit gerunden nafslöchern, die nafs was in mitten nidergedruckt mit einem grofen kine, vnd mit einer hohen ſtirn, vnd hatte auch eine groſſe brust, vnd rötelfarb vnder ſeinen augen, vnd stund auff seinen beinen als ein Löw, vnd hatte gütliche geberden gegen seine freunden, vnd wann Er zornig war, so baufeten vnd floderten Ihm seine backen, vnd stunden Im herrlich vnd weifslich, vnd nicht vbel. Dann Aristoteles fpricht lib. 4. Ethicor: *Non irasci quos oportet, insipientiae est.* Das heiffet also:

> Wer nit vmb noth zoren hat,
> Das en ist nit eines weissen Raht.

Ein Jahr darnach ward derfelbig Cuno von Falckenstein Vormunder des Stifts zu Trier, vnd zog aufs mit der Statt zu Limpurg, vnd gewann Aldendorf eines Ritters wonung gelegen bey Merenburg, vnd war ein wüstes haufs, vnd verbrande das vnd zuschleifte es zumahl. (40.)

In differ zeit fang man difs lied:

> Aber scheiden scheiden das thut warlich wehe
> Von einer die Ich gern anfehe,
> Vnd ist das nit vnmüglich.

Anno 1362. starb zu Auinion Bapst **Innocentius**. Der hatte regirt geistlich vnd heiliglich bey zehen [60)]

[60)] heiliglich Zehen J.

Jahr. An seine ſtatt wardt gekoren zu Auinion **Urbanus V.**. Der war ein Münch geweſen Benedictiner Ordens zu Massilien, vnd was gar ein rechtfertiger mann, als du findeſt hernach geschrieben an seim End. Der was wohnhaft zu Auinion ſieben Jahr, vnd fuhr von dannen gen Rom, vnd bauwete vnd vermehrete Clöster vnd Capellen, wo Er die fand, da es noth was, vnd verplieb da ein Jahr. Wie er sein leben endet, das finſtu hernach geschrieben.

Anno 1362. in dem Herbst nach Sanct Michaels tag, Da vberzoch Herr **Gerlach** Ertzbischoff zu Mentz, ge-
(41.) born von Nassauw, ‖ Graf **Johannen** von Nassauw, Herrn zu Dillenberg, mit vielen Rittern vnd Knechten, daſs sie wurden geacht an fünfhundert man mit glenen dazu mit dem Rynckauw, vnd theten Ihn [61]) grossen schaden, vnd hetten noch mehr schaden gethan, hetten sie gut wetter gehabt. Dann Sie der Rein vnd gewässer dannen [62]) trieb.

In diſſem Jahr vergingen die grosse weitte Ploderhoſen vnd ſtifeln. [63]) Die hatten oben rot leder, vnd waren verhauwen, vnd die lange lederſen mit langen schnäbeln gingen an. Dieselben hatten krappen einen bey dem andern, von der grossen zehen biſs obenauſs, vnd hinden aufgeneſtelt halb biſs auf den rücken. Da ginge auch an, daſs sich die menner hinden, vornen vnd neben zuneſtelten, vnd gingend hart geſpant. Vnd die junge menner trugen meistlich alle, geknaufte kugeln, als die frauwen. Vnd disse kugeln wereten mehr dann dreiſſig Jahr, da vergingen Sie.

Anno 1363. vf Montag zu Pfingsten da war **Fri-**

---

[61]) ihm [62]) von dannen [63]) Stieffeln.

derich von Hatzstein der Wolgeborne Knecht, der ein Hauptman was der Statt von Limpurg, erschlagen an der Löhne, vnder dem Stein, da man gehet von Greiffenpforten in die Hell. Das thaten die von ‖ Reiffenberg. (42.) Die waren feind der Statt von Limpurg zu der zeit vnd manche zeit. Vnd die Herren vnd die Statt von Limpurg verlohren Ihn zumahl niet. [64]) Dann Er jhnen nutzlich vnd dienftlich was. Auch war derfelbig Friederich grofs vnd ftarck, also dafs Er ein Ohm weins aufhub, vnd tranck aufs der ponten.

In derfelbigen zeit da ward der vorgenante Herr Cuno von Falckenstein erwehlet zum Ertzbischoff zu Trier.

In difler zeit vnd Jahr da fande Gott ein neuwe plage auf Erdreich, fonderlich in Teutschland. Das waren Heuwfchrecken, die kamen vnd flohen also dick in der luft vn in dem felt, als hette ein grofer Schnee gefallen. Die fielen in die frucht, vnd thaten grofen verderblichen schaden, vnd flohen dann wider auf. Die wereten von der Erndte bifs dafs Sie vergingen mit einem reiff vnd von kelt, bey nahe Sechs gantzer wochen. Auch waren die heuschrecken grofs vnd fett, einer halben fpannen lang, vnd alfo in der maffe. Diffe plag kam von grofer [65]) hoffart. Vnd mag man diffe plage gleichen, als David spricht in dem Psalter: *Et dedit erucis fructus eorum & labores eorum locustis.* Das bedeutet alfo:

Die raupen follend jhrer frucht geleben, (43.)
Arbeit der leut ist den Heufchrecken gegeben.

In demfelbigen jahr galt ein quart weins zu Lim-

---

[64]) zumahl ungern [65]) grossem.

purg ein schilling pfennig, vnd ein heller, vnd folglich anderswo fein gelt. Das werete bey nahe ein Jahr. In diſſen zeitten pfeiffe und sang man dis lied vnd widerſang:

> Ich will in hoffnung leben fort,
> Ob mir ichts heil möcht geschehen
> Von der liebsten Frauwen mein.
> Sprech Sie zu mir ein freundlich wort,
> So müſt trauwren von mir fliben.
> Ich hoffe ihr gunst mich je mit heil
> Bekehre. Ach Gott dafs Ich sie solte sehen.
> Ich wolte in hofnung leben.

Anno 1365. zu mittem [66]) Sommer vmb S. Johans Mefs Baptiſtae. Da war die groſe Geſelschaft gezogen vor Strafsburgk bei Colmar, vnd in dem land all vmb im [67]) Elſaſs, vnd thaten gar groſen schaden, vnd lagen ein gantzen Monat in dem land. Vnd die Ehrwürdige Fürsten, Herr Cuno von Falckenstein, Ertzbischof zu Trier, vnd Herr Gerlach Ertzbischof zu Mentz, vnd dazu die Hochgeborne Fürsten von Beyerland, vnd sonderlich Herr Ruprecht Pfaltzgraf bey Rein, auf der Möſel, auf der Löhne, auf dem Mayn, vnd darumb, [68]) waren die aller meistliche Wygande, vnd zogen gen (44.) Elſaſsen mit grosser ‖ herrligkeit der Wafen, alle wol erzeugt einen vor [69]) dem andern mit filbern vnd gülden geschmeid. Vnd die Gesellen flohen auſſer dem Land nacht vnd tag wider in Welschland. Vnd geschahe den Teutschen nit alſo wehe vnd laid, dafs die Geſellen jhnen entflohen waren. Die Geſelschaft ward [70]) gezehlet an zwantzig taufendt man, fo, ein vnd ander ausgenommen. Die Francken vnd die Teutſche Herrn von diſſem land,

---

[66]) mitten im [67]) in [68]) daherum [69]) einer vor [70]) war.

vnd die Stett vf dem Rein, in Elfas, aus Schwaben (Vnd die Statt von Limpurg hatte auch jhren Burgermeifter alda mit vier vnd zwantzig Pferden) Vnd Sie hatten bey vier vnd zwantzig taufend reifiger leut, wol gewapnet. Da was fchein vnd glantz von den wafen.

Anno 1365. da was das dritte groffe fterben, vnd was mäfslicher als die zwey erften, alfo dafs zehen oder 12. menfchen des tags fturben in Stetten als Limpurg, vnd dergleichen. Vnd da ftarb Herr Gerlach, Herr zu Limpurg, vnd war kaum allererft von der groffen reifs von Elfas kommen, da Er wolt han helfen beftreitten die groffe Gefelschaft aufs Welfchem Lande. Vnd ftarb die Edle fein Frauw Elfge inner drey wochen || auch, (45.) ohne leibserben. Derfelb Herr Gerlach war eben braun von antlitz, grofs, fcharpf von reden, vnd hatte ein fchwartzen Kroll vnd ein fchwartzen bart, vnd war raifch vnd gedorftig ein ding zu thun. An feine ftatt kame der Edle Juncker Johann fein bruder, vnd der war ein Thumherr zu Cöln vnd zu Trier, vnd war gar ein weidlich man, vnd hatte ein wolgefetzten leib von kleiner gröffe, mit einem fchönen antlitz weifs vnd roth, mit einem gelben Kroll vnd bart, vnd was das haar alfo gelb als golt, vnd war gütlich zu fprechen, vnd von gütlicher antwort, Er was auch weifs zu fchimpfe vnd zu ernft, vnd baitet er auch bey nahe zwantzig Jahr, ehe dann Er fein frauwe kaufte.

Ein jahr darnach zu halbfasten folten die Meister des Wülnhandwercks zu Limpurg auf die Mefs gen Franckfort fahren mit jhrem gewande, vnd wurden nidergeworffen zwischen dem Closter zu dem Throne vnd der Höhe, vnd wurden jhnen genommen mehr als dreyhundert duch, vnd waren etliche gefangen, vnd blieben etliche todt. Das thete Heinrich, Graf Otten fohn, von Nassauw Dillenberg Der war ein Thomherr zu Cöln, vnd ward mit dem zunahmen genant Graf Schindleder [71]).

(46.) Auch fo fuhren fie im gelait ‖ Graf Johans von Nassauw Herrn zu Merenberg.

In demfelben jahr schlug der vorgenannt Graf Johann ein Burgk auf, zu Kirchberg auf der Lahne, vnder Scharpfenburg. Diefelbig Burgk zubrach Landgraf Heinrich zu Hessen, vnd fing darauf mehr dann zwantzig wehrhaftig mann.

In demfelben jahr, vnd darnach ein wenig, ward Lintz auf dem Rein gewonnen, alfo dafs es erftigen wurd vnd gar geplündert bifs auf sein [72]) grund. Da fang man vnd pfeiff [73]) dis lied:

Schach, Tafelspiel
Ich numehr beginnen will.

Anno 1367. wurden die zwey Schwerter von der welt eindrechtig. Vnfer geistlicher vatter der Babst Urbanus V. vnd der Römische Keyfer Carolus IV. Konig von [74]) Boheim, zogen mit einander mehr dan mit Sibentzig taufend Rittern vnd Knechten mit grofer gewalt vber den Herrn von Meyland. Der hatte gethan wider die heilige Kirch. Vnd behilte der Bapst vnd der Keyfer jhren gantzen willen. Mit dem zug vnd reife werete es bey nahe ein jahr, vnd waren geachtet an hundert tausendt reifiger Pferde.

In difser zeit war harte zeit vnd teuwre jahr, al-
(47.) fo dafs ein Malter korns Limpurger ‖ maafs galt fünf pfundt vnd zween Turnes, vnd das malter habern galt drey pfund heller. Vnd hatten arme leut grofen ge-

---

[71]) Schindler [72]) den [73]) da sang und pfiff man [74]) zu.

brechen vnd mangel. Die quart weins galt zwentzig alt heller.

Anno 1367. vf. S. Petri abend Vincula, zu der Habererud, da erstach ein Freye von Dern, todt Juncker Johan eins Grafen ſohn von Dietz, vf der Burgk zu Derne, [75]) daſs Er von ſtund an bleib. Vnd war ein jung mann vnder dreiſſig Jahren, von guter leng, Hatte ein langelicht angeſicht mit einer hohen naſen, vnd ein ſchlecht haar mit einem hohen zopf, als gewohnlich in der zeit was. Vnd derſelb Johann, were ein Graf zu Dietz worden, hette Er gelebt. Vnd das ward in ein andere hand geſchoſſen, als das [76]) hernach geschrieben ſteht. Derſelbig Freye hieſe Friederich, ein ſtreng Ritter von fünftzig Jahren, vnd was ein rechter Freye geboren von all ſein vier Anchen, vnd ward gefangen zu Dern auf dem Hauſs vnd gen Dietz gefürth. Vnd Graf Gerhard von Dietz, Juncker Johans bruder, thete ein landgericht beſcheiden zu Reckeforſt. Vnd ward dem vorgenanten Freyen ſein haupt abgeſchlagen, vnd ward begraben von ſtund an zu Limpurg zu den Barfüſern. Alſo ſoltu ſehen, wen du ſchlegeſt: Als dann Salomon ſpricht: *Fremes ira nulli parcit*, Dz iſt,

Der grimme [77]) zorn gibt niemand friſt, (48.)
Des du von Salomon bſcheiden biſt.

Nun ſoltu wiſſen die Physionomy vnd ware geſtalt des Freyen. Der Freye war ein vierſchützig man, mit einer greiſen Kroll, ein breitlecht antlitz mit einer flachen naſen. Auch hatte der vorgenante Freye von Dern einen Bruder, der hieſe Juncker Craft, der war ein Thomherr

---

[75]) zu Dernau [76]) als hernach [77]) grimmig.

zu Cöln vnd zu S. Gereon, Derfelb ward erfchaffen in Weftphalen.
Da fang vnd pfeiff man dis lied:
> Nit lafs ab alfo ein well.
> Ach Ich, Ich will dir immer in gantzer treuw leben,
> Ich hoff Ich find daffelb an dir.

In derfelben zeit war der ftreit zu Sprendlingen zwifchen Lingen [78]) vnd Creutzenach. Da blieben todt mehr dann zweyhundert man. Vnd den ftreit verlohr der Graf von Sponheim, der war genant Walrabe, der ward auch gefangen, vnd der Herr von Boclanden [79]) behilt das felt.

In demfelben jahr, da ward das groffe wetter von donner vnd blitzen, zwifchen den zweyen vnfer Frauwen tag, als man vor langer zeit je hatte gefehen, vnd das was eins nachts, vnd in der terminey zu Mentz vn zu Franckfurt. Vnd vnfer Frauwen Münfter zu Mentz verbrand zu mahl, was daran was von holtzwerck mit einem (49.) gar hohen ‖ Thurn. Das verging gehlingen, vnd war grofer verderblicher fchaden, vnd gefchach auch mehr fchaden in derfelben terminey herumb in dem land.

Zu denfelben zeiten kaufte der Ehrwürdig Herr Cuno von Falckenftein Ertzbifchof zu Trier, vnd trang fich mit weifsheit in die gantzo Herrfchaft zu Malfburg vmb Herr Görgen dafelbft, vnd damit ernehrte [80]) Er den Stift zu Trier. Vnd darnach nit lang, vber drey jahr oder vier, da machte Er ein Statt zu Nidernbrechen. Dann es zuvor ein dorf geweft, vnd gehort in die Graffchaft zu Molfburg. Derfelbig Herr Cuno behilte auch ein die incorporation derfelben kirchen vnd

---

[78]) V: Bingen [79]) V: Bolanden [80]) vermehrte.

Pastoreien zu Brechen. Diefelbſt [81]) Pastorey zu Brechen wirdt nun zu ewigen tagen einem Bifchoff zu Trier in fein kuchen dienendt. Das löfet fich wol an hundert malter Korngülden, darüber hat ein Vicarius dannoch genug zu befcheidenheit.

Nota, quod pater praedicti Georgij Dominus in Molspurg nomine Gyso, propriam filiam carnaliter cognovit, quę a patre postea duxit quoddam corpus heterogenium, id est, animal rationale mortale. Quam ob rem forsan maledictus Psalmistae videtur, ipsum notans, || *ubi dicit:* (50.) *Fient dies ejus pauci, & Episcopatum ejus accipiet alter: & sic dominium Molsperg* [82]) *est translatum in Episcopatum Trevirensem.*

Die plafirung von dem Wapen von Molfpurg ift alfo. Das feld was von gelb, darin war ein Löw von Silber. [83])

Anno 1367. da waren feind die Edlen Johann Graf zu Nassauw Dillenberg, vnd Johann Herr zu Wefterburgk, vnd gedeiten fich, dafs fie ein gerenn vnd ein Ponytz hatten bey Gudendorn. Vnd Johann Herr zu Wefterburgk behilt das felt, vnd fing den Graffen von Nassauwe mehr dann [84]) mit dreifsig Rittern vnd Knechten. Vnd blieben auf des von Nassauw feiten drey todt, vnd einer auf des Wofterburges [85]) feiten, gute Handwerocksleut. Derfelbige Graff war [86]) lofs mit den Rittern vnd Knechten vor Acht taufend gülden. Vnd hetten Jhme wol mehr gelt geben. Aber er genofs feiner freundt die fehr vor Ihn arbeiteten.

---

[81]) diefelbige. [82]) Molspurg [83]) Die ganze Stelle „Zu denfelben Zeiten .... von Silber" ist bei V: verftellt und weiter unten, unmittelbar vor 1370 eingeschoben. [84]) mit mehr dann [85]) Wefterburgers [86]) ward.

In differ zeit lebte Magister Johannes **Pyritoneus**, der zu Parifs das Studium regiret hat mehr dann viertzig (51.) Jahr. Der ward geacht der befte Logicus vnd Philo-fophus auf Erdreich in der gantzen Chriftenheit. Vnd man fande nit feines gleichen. Der machte *Quaestiones Ethicorum* die beften die je gemacht waren vor Im. Diefelbige *Quaestiones* gab Er zu letzt vnd zu einem ewigen Teftament allen Meiftern vnd Studenten.

In derfelbigen zeit gewann Herr **Cuno** von Falckenftein, Ertzbifchoff zu Trier, Sonnenberg [87]).

In diffen jahren entftund ein groffe zweyung in der Statt zu **Wetzlar** auf der Lahne, zwifche Raht vn der Gemeine, alfo dafs der alte Raht ward vertrieben der Statt, vnd die Gemein machte ein neuwen Raht, vnd regirten nach jhrem finn in das Siebende jahr, vnd gaben niemand kein leibzucht fo wieviel das jhnen gebürte, alle jahr bei fünftaufend gülden gelts leibzucht vnd renten. Vnd da es kam an das Siebende jahr, da kamen die alten von dem Raht wider in die Statt mit einem Werwort, alfo, dafs man damit folte vmbgehen, dafs Sie geftinet würden. Des worden die vorgenante alten von dem Raht eintrechtig, mit Juncker **Johan** dem Grafen von Solms. Vnd dem war gar leufig vmb die Neuwe (52.) welt, vnd war heimlich den Alten vnd auch den neuwen. Denn Er kam wol mit fünftzig Ritter vnd Knechten in die Statt, vnd liefe die von dem neuwen Raht alle kommen in ein haufs. Vnd Er nahm fich an, Er wolte mit in Raht gehen, vmb nutz Erbare Sach der Statt. Vnd fing den neuwen Raht gemeinlich, vnd beftalt da foviel feiner diener bey, dafs Sie muften in dem haufs bleiben.

---

[87]) V: Sternenburg.

Vnd nam das Reichs Panir, vnd trat auf den plan, vnd der alte Raht bey Ihn. Da kam die gemein wol mit fünfhundert man gewapnet, vnd wolten dem neuwen Raht geholffen han. Da Sie fahen, dafs der neuwe Raht vnd freundt nit bey jhnen waren, da wurden Sie entfchupfet. Vnd der vorgefchriebene Graf Johann der beriete Sie mit füfen worten, vnd fprach dazu, dafs Sie die wafen austhäten, vnd wurden eintrechtig mit Ihme vnd dem Alten Raht, vnd legten den neuwen Raht in den Thurn, vnd nahmen Ihr gut, vnd fchlugen jhrer dreyen die köpf ab, vnd wurfen jhr ein theil ins waffer. Alfo ging der vorgenante Graf von Solms vmb mit füfen vnd betrogen worten, dafs Er die Statt zu Wetzlar in feinen finn brachte, dafs Sie wol betrogen [88]) wurden, als man den kindern ein gleichnufs in der fchul liefet:

Fistula dulce canit, volucrem dum decipit auceps, (53.)
Das ift,
> Des voglers pfeiff gar füfe fang,
> Da er thete den vogelfang.

Anno 1370. in der Faften, Da lagen die von Erfurt, die von Mühlhaufen, vnd die von Northaufen, vnd andere viel Herrn die zu Ihnen gelobet vnd gefchworen hatten, vor Honftein. Die Burgk ligt in Sachfen vnder Hertzog Otten von Braunfchweig. Vnd derfelb Hertzog Otto der warf feur in das Heer und das Heer brach auf vnd zog hinweg, vnd doch fo konten Sie nit gar hinweg kommen, vnd befchneid Sie, vnd fchlug Ihr gar viel todt, vnd finge deren von Erdfurt, [89]) Mülhaufen vnd Northaufen alfo viel, dafs Sie gaben zu fchatzung Sechs und dreifsig Marckfelle marck lötiges Silbers.

---

[88]) betrogenen [89]) Erffurt

Darnach zu hand gingen gemeinlich die Tappert an, die trugen man vnd frauwen. Auch trugen die man kurtze Houcken vnd weit vf beyden feiten gekneuft. Vnd das en werete nit lang in diffen landen.

Anno 1370. ftarb Bapft Urbanus V. zu Avinion. Der hatte regirt acht Jahr, der groffe ding gethan hat (54.) vmb der heiligen Kir||chen willen, als vorgefchrieben ftcht. Vnd der ward heilig vnd ift canonisirt. An feine ftatt ward gekoren Gregorius XI. Der fuhr von Avinion gen Rom, vnd blieb alda.

Anno 1371. vierzehen tag vor Fafsnacht, da geburt es fich, dafs ein Burgermeifter zu Limpurg, der war genant, Cuntz Nente, der folte einen führen in den Kargen thurn [90]) gefangen von dieberey wegen. Da Sie kamen ein halben fteinwurf von differ pforten auf der Maur, da fprang der gefangene mit dem Burgermeifter von der Mauren, vnd dem fein hals ab alfo dafs Er vmb acht tag ftarb, vnd der gefangene wurde zu ftund an gehangen. Dann Er alfo fehr gefallen hatte von der Maurn, dafs Er nit dauon kommen mochte.

Anno 1371. Freytags nach vnfer Frauwen tag als man die Würtz weihet, wurden Feind die zwen Hochgebornen Fürften, der Hertzog von Braband, der war genant Wenceslaus, vnd war Keyfers Caroli IV. Bruder, vnd des blinden Konigs Johannis in Beheim Sohn, vnd der Hertzog von Jülch, der war genant Wilhelm. (55.) Vnd auf den vorgenanten tag hatte der Hertzog || von Braband mehr dann 2400 glenen Ritter vnd Knecht, gar gute leut, vnd fuchte den Hertzogen von Jülch daheim in feinem land zu fchädigen zu herrfchen vnd vber Ihn

---

[90]) V: Katzen-Thurn

zu reitten. Da Sie kamen vber die Maaſs, das waſſer
in Jülcherland, da begegnet Im der Hertzog von Jülch
mehr dann mit tauſend glenen, Grafen, Herren, Rittern
vnd Knechten, vnd waren vf der ſeiten viel Herrn vnſers Lands auf der Lohne, mit Namen Graff **Johann** zu
Naſsauw Herr zu Dillenberg, Graf **Ruprecht** von Naſsauw, Graf **Eberhard** von Lützelberg, der Graf von
Wiede, vnd Juncker **Friederich** Herr zu Runckel,
vnd andere die Ich nit genennen kann, vnd huben den
ſtreit an gar feindlichen. Vnd in dem anheben, ſo kompt
der Hertzog von Gellern mehr dann mit Sechshundert
glenen Ritter vnd Knecht zu hülf den Jülchern, vnd
ſtritten mit den Brabandern. Vnd behilten die Jülchi-
ſchen mit groſſen Ehren vnd Würdigkeit den ſtreit, vnd
fingen den Hertzogen von Braband mehr dann mit tauſend Rittern vnd Knechten, vnd blieben todt mehr dann
Achthundert Ritter vnd Knecht. Vnd der Hertzog von
Gellerland, den man nante die Blum von Gellern, der
ward in dem ſtreit erſchoſſen, ‖ auf der Jülcher ſeiten, vnd (56.)
der Graf von S. Paul von Welſchland, blieb auf der
Brabander ſeiten mit viel ſeiner Landsleut aus Welſchland, vnd **Johann** Ertzbiſchoff zu Mentz, der war ein
bruder des vorgenanten S. Paul, wiewol doch daſs Er
ein Wahl war. Alſo ward der meinſte hauf leut von
dem minſten nidergeworffen. Vnd das war von Gott,
als da ſpricht Judas Maccabaeus: *Non in multitudine
exercitus, sed de coelo victoria belli est,* Das iſt:
    Der Sieg kompt viel vom Himmel ho,
    Vnd nit von viele der leut, das iſt alſo.
  In diſem Jahr erhub ſich zu Cölln in der Statt
ein groſſe zweyung vnd ſpeit [91]) zwiſchen dem Raht vnd

---

[91]) Streit

den Meiſtern von dem Wölnhandwerck, vnd geſchach das alſo. Zu Cöln kam ein man in gaſtweiſs, der ward mit rechtem gericht alda bekümmert mit leib vnd gut, vnd ward verurtheilt, daſs man den ⁹²) man ſolte das haupt abſchlagen, vnd furthe man jhn auf das felt an das gericht. Dabey ſtunden gar viel die von dem Wülnhandwerck waren, die namen den man dannen, den das gericht verurtheilt hatte, vnd furten In mit gewalt in die Statt von Cöln, vnd meinten daſs Sie jhn erloſen wolten.

(57.) Zu ſtund kam der richter || vor den Raht, vnd ſchreye, vnd clagte vber den gewalt, der da geſchehen were. Vnd der vorgenante Raht vnd jhre Freund wapneten vnd bereiteten ſich zum ſtreitte, vnd kamen an die Weber, deren waren auch eine groſſe Rott mehr dann Sechshundert wolbereit, mit aufgerecktem Panir, vnd traten zu Ihm ein feindlichen. Da behilt der Raht mit groſſen Ehren den plan ⁹³) vnd das felt, vnd auf der Weber ſeiten blieben vf der Walſtat Sieben oder Acht man ⁹⁴) todt, die andern flohen, da doch jhrer zwir ⁹⁵) mehr waren dann deren von dem Raht. Dazu fingen Sie ihrer drey vnd dreyſsig in den nechſten vierzehen tagen, denen ſchlug man jhr haubt ab auf dem Heuwmarck, ſo, heut vnd morgen, als ſich das gebürte, ⁹⁶) vnd dazu ſo vertrieben Sie manchen reichen Erbarn man von dem vorgenanten Handwerck, vnd nahmen jhnen jhr gut, vnd thaten jhnen groſſen verdrieſs, vnd brachen ab ein groſs gemein hauſs, das gleichet ſich einem groſſen Pallaſt, darauf Sie zuſammen gingen vmb jhres Handwercks noth, vnd ⁹⁷) hat der Raht darauſs gemacht ein ſchone Fleiſchſchirne, alſo daſs die von dem vorgenanten Hand-

---

⁹²) dem ⁹³) Platz ⁹⁴) Mann ⁹⁵) faſt ⁹⁶) geburte ⁹⁷) vnd da

werck kein recht mehr dazu haben. Alſo hat der Raht zu Cöln ſeinen willen behalten.

In derſelbigen zeit da gingen an die Weſtpfäliſche (58.) Lendener, die waren alſo, daſs Ritter, Knecht vnd reiſige leut, führeten Lendener, vnd gingen an der bruſt an hinden auf dem rück hart zugeſpant, vnd waren alſo fern als die ſchoppen lang war, hart geſtept, bey nahe eines fingers dick. Vnd kame das aufs Weſtphalen land.

In derſelbigen zeit, zu halbfaſten, da ſolten die Niderlendiſche kaufleut mit jhrem gewand den Rein auffahren in die Meſs gen Franckfurt. Da Sie kamen bey Andernach den Rein auf, ein meil wegs, da kam der Graf von Wieth, vnd Velten von Iſenberg, vnd nahmen da den Kaufleuten mehr dann viertauſend gülden werth gewand, vnd furthen das gen Iſenburg.

In der zeit erhub ſich der Ehrwürdig Fürſt, Herr Cuno von Falckenſtein, Ertzbiſchof zu Trier, mit groſer gnügen [98]) vn gewalt, vnd hieſche die Nam wider, die in ſeinem geleit vnd gebiet geſchehen war, vnd en mögt [99]) das nit ſein. Des legte er ſich in der vorgenanten Herrn land, vnd gewann jhnen ab das Angirs, vnd machte zu Engers ein Burgk, die iſt geheiſſen biſs an diſſen heutigen tage Cunoſtein nach ſeinem Namen, vnd gewann jhnen ab Henſpach [100]) vnd ‖ die dorf, vnd (59.) bracht ſie in groſen verderblichen ſchaden, vnd dazu ward den Kaufleuten die Name vnd der gewand wider.

Alſo behilt Herr Cuno Ertzbiſchoff mit gewalt ſeinen willen, vnd name ein Land vnd Leut, vnd das Fahre biſs vber den Rein, biſs auf diſſen heutigen tag.

---

[98]) groſsem Gen. [99]) vnd anders mögte [100]) V: Herſbach

Anno 1372. da entſtunde ein groſe Geſelſchaft in Teutſchen landen, ſonderlich in dem land zu Heſſen, die ward genant die Geſelſchaft von dem Stern. Vnd furten die Ritter in der Geſelſchaft güldene vnd die Knechte ſilberne ſtern. Mit nahmen war da ein Hertzog von Braunſchweig, des Göttingen vnd das land da iſt, der war tochter Sohn Landgraf Heinrichs von Heſſen, der Graf von Ziegenhan, Graf Johann von Nassauw Herr zu Dillenberg, der Graf von Catzenelnbogen, Herr Johan von Büdingen vnd andere, die Herrn von Iſenburg, der Herr von Hanauw, der Herr von Lisberg, der Herr von Helfenſtein, vnd der Herr von Epſtein, vnd dazu meiſtlich alle Ritter vnd Knechte in dem land zu Heſſen, in der Wetterauw, in der Buchen, vnd auf dem Rein, in Sachſſen, in Döringen, in Weſtpfalen, alſo daſs man pfrüfet, daſs dieſelben Geſellen von dem Stern
10.) bey zwey tauſend Ritter vnd Knecht ‖ waren, die da hatten bey 350 Schlöſſer.

In denſelben zeiten war der Hochgeborne Fürſt Landgraf Heinrich von Heſſen feind des vorgenanten Herrn von Liſsberg, vnd ſchicket Er ſeines Bruders ſohn Landgraff Herman dazu, daſs Er ſich legte, mehr dann mit tauſend Rittern vnd Knechten vor den Hirtzberg, vnd ſchlug ein hauſs da auf. Des kame die Geſelſchaft von dem Stern zuhauf mehr dann mit fünfzehen hundert Rittern vn Knechten vor den Hirtzberg, vnd trieben den Landgrafen ab, vnd branten Im ſein land ab biſs an Fritzlar, vnd lagen da mehr dann acht tag inn, vnd ſchieden da von dannen. Des clagte ſich der vorgenant Landgraf Heinrich, Landgraf Herman ſeines Bruders Sohn, gegen den [101]) Sterngeſellen zu täglichem

---

[101]) die

Krieg, vnd verhiefs Sich Landgraf Heinrich, dafs Er den Krieg nit fünen wolte bey tag vnd jahr, vnd hilt auch das herrlich, vnd hilte mehr dann Sechshundert glenen Ritter vnd Knechte mehr dann Jahr vnd tag zu täglichem Krieg, die Er köftlich verfoldet [102]).

Zu differ zeit da war der Edel **Ruprecht Graf zu Naffauw**, der ein Enckel war Konig Adolfs Grafen zu Nassauw, helfer des Hochgebornen Landgrafen Heinrichs von Heffen wider die Gefelfchaft von dem Stern vnd nam darumb feinen fold. Vnd gebürte fich, dafs (61.) der Sterner ein theil, vnd fonderlich die Grafen von Catzenelnbogen, Graf Wilhelm, Graf Eberhard, vnd Graf Diethern, öfeten eins nachts den thal zu Hadamar, vnd gewunnen den, vnd gingen in der nacht ohn forg, vnd wolten es halten vnd jhren willen fchaffen. Da ermanten die Gemeinde zu Hademar, vnd ftalten fich feindlichen zu gewehr, mit gewerfen, mit gefchofs, [103]) mit anderer grofer arbeit, vnd drieben die aufs herrlich, vnd behilten deren acht, vnd fingen die in derfelbigen nacht, vnd deren fturben drey, ohn andern grofen fchaden, den Sie empfingen von Sturm vnd von gefchütz.

Anno 1373. Donnerftags vor Fafsnacht da war ein grofs Flut auf erdreich vnd groffe noth von Waffers wegen, alfo dafs der Rein vnd die Lohn vber rechten Staden in die höhe gingen mehr dann Sechs vnd zwantzig füfs hoch. Vnd kam die Flut von einem groffen fchnee der gefallen was, Der fchmoltz vnd verging gar balt, vnd war der gröffeft fchnee der je gefallen war in hundert Jahren. Vnd die Flut weret mehr dann fünf tag vnd nacht vff vnd ab, vnd war grofs betrübnus voh

---

[102]) befoldet [103]) gefchofs vnd

(62.) den Leuten. Vnd das geuögels in den || heufern, als haan vnd hüner, fangen auch betrüblichen. Vnd die Lahne vor Limpurg warf jhnen die gärten all vmb vnd vmb, vnd manche Ramen mit gewand, vnd furten die Obermülen zu ſtücken enweg, auch furten Sie hinweg die Walckmuln, vnd die Lohemühln, vnd die Brück zu Dietz die war höltzern, das fuhr alles hinweg. Auch ſo war ein flut zuuor geweſt, auff den zwölften tag nach Weihenachten, die nechſt war, vnd die flut war diſſer nit gleich, dann dieſſe gröſer war.

An. 1347. [104]) zu mittem [105]) Sommer da erhub ſich ein wunderlich ding auf Erdreich, vnd ſonderlich in Teutſchen landen, auf dem Rein vnd auf der Moſel, alſo daſs leut anhuben zu dantzen vnd zu raſen, vnd ſtunden je zwey gen ein, vnd dantzeten auf einer ſtett ein halben tag, vnd in dem Dantz da fielen Sie etwan dick [106]) nider, vnd liefen ſich mit füſſen tretten auf jhren leib. Davon namen ſie ſich an, daſs ſie geneſen weren, vnd liefen von einer Statt zu der andern, vnd von einer Kirchen zu der andern, vnd huben gelt auf von den leuten, wo es jhnen mocht gewerden. Vnd wurd des dings alſo viel, daſs man zu Cöln in der Statt mehr dann fünffhundert Dentzer fand. Vnd fand man, daſs es ein
(63.) Ketzerey || was, vnd geſchach vmb gelts willen, daſs jhr ein theil Frauw vnd Man in vnkeuſchheit mochten kommen vnd die volnbringen. Vnd fand man da zu Cöln mehr dann hundert Frauwen vnd Dienſtmägd die nit ehrliche menner hatten. Die wurden alle in der Dentzerey kindertragend, vnd wann daſs Sie Dantzeten, ſo bunden vnd knebelten ſie ſich hart vmb den leib, daſs

---

[104]) V: 1374 [105]) mitten im [106]) offt

Sie defto geringer weren. Hierauf fprachen ein theils Meifter, fonderlich der Guten Artzt, dafs ein theil wurden dantzend, die von heifer Natur weren, vnd von andern gebrechlichen natürlichen fachen. Dann deren was wenig, denen das gefchach. Die Meifter von der heiligen Schrift die befchworen der Dentzer eins theils, die meinten dafs Sie befeffen weren von dem böfen Geift. Alfo nam es ein betrogen end, vnd werete wol Sechzehen wochen in diffen Landen oder in der maafs. Auch nahmen die vorgenante Dentzer Man vnd Frauwen fich an, dafs Sie kein rot fehen möchten. Vnd war ein eitel teufcherey vnd ift verbotfchafft geweft an Xyftum [107]) nach meinem beduncken.

Vmb diffe zeit pfeiff vnd fang man dis lied:

> Geburt rein vnd feuberlich (64.)
> Weifs Ich ein Weib gar minniglich,
> Die ift mit zuchten wol bewart,
> Ach dafs es wüft die rein vnd zart.

In diffem Jahr ward Herr **Friederich** von Saarwerden, Thomherr zu Cöln, Ertzbifchof, Der regirt den Stift gar herrlichen, vnd hatte gar fehr gebeiffes, ehe dann Er mit Jhnen durch mocht kommen, Auch war Er grofs vnd wol perfonirt zu einem Fürften, vnd hilt herrlich haufs vnd hof mit Fürftlichem ftat. Bey demfelbigen Bifchof in feinem vierdten jahr des Biftums gefchach diffe gefchicht auf dem heiligen Chriftag vf dem Saal zu Gudenfberg in feiner gegenwertigkeit, Alfo dafs der Burggraf zu Ryneck, eine **Freye**, erftach einen Erbarn ftrengen Ritter, der was genant Herr **Rulman** von Süntzing, vnd ward der Burggraf gefangen vnd fort von Im gericht, vnd Im fein haupt abgefchlagen.

---
[107]) V: Chriftum

Zu derfelbigen zeit war der Ehrwürdig Herr Cuno von Falckenftein Ertzbifchoff zu Trier, ein Vormunder des Stifts zu Mentz vnd zu Cöln, bifs als lang Sie kamen zu rechtem gefatz wider.

Da fang man vnd pfeiff [108]).

(65.)   Wie mocht mir jmmer bafs gefein?
In ruh ergrünt mir das hertze mein,
Als auf einer Auwen.
Daran gedencke
Mein lieb, vnd nit wencke.

Eodem Anno da was ein Graf zu Solms, der hiefs Johann. Vnd geburte fich dafs Er wol mit hundert Pferden kame vor Friedberg, vnd trieb das Vieh zu hauf, vnd wurden die von Fridberg jagen bifs an Butzpach vor das Schlofs. Vnd waren den Feinden zu ftarck. Vnd in dem gerenn fo ritt aus Butzbach ein Edelknecht, der war felb dritt, vnd waren blofs, vnd wolten befehen, wie es auf dem felt fuhre. Da gefchach ein gefchicht, dafs die von Fridberg erfchlugen den Edlen knecht, vnd war ein grofs rufen vnd gefchrey zu Butzpach vnd zu Feld mit dem Grafen vorgenant von Solms, vnd ftritten mit denen von Fridberg, vnd erfchlugen jhrer wol acht, vnd fingen jhrer mehr dann zwey hundert... Vnd die gaben zu guter Freundfchaft mehr dann Sechs taufend gülden, vnd des genoffen Sie des Keyfers, der da Carln Konig zu Beheim was.

In differ zeit, als die von Fridberg gefangen lagen, da erhub Sich Juncker Diether, Herr zu Runckel, mit vnfern Landsleuten vf der Löhne, von Nassauw, von (66.) Ifenburg, von || Grünau, von Wefterburg, von Schonberg, von Molfperg vnd von andern Schlöffern vmb Limpurg,

---

[108]) Da fang und pf. man

vnd hatten wol hundert glenen gut reifiges volcks Ritter vnd Knecht, vnd namen auf die von Fridberg, vnd fuchten Sie zu fchedigen, vnd ward dieffe reife gemeldet, dafs die von Fridberg komen in die name, vnd folgeten denen nach, vnd warfen die nieder, vnd fingen der landsleut mehr dann Siebentzig man, vnd blieben etliche todt. Vnd ward der vorgenant Juncker Diether felb dritt, Haubtleut, gefangen, vnd gaben zu Schatzung vberall bey Zehen taufend gülden. Vnd was auch ein genedige Schatzung.

In demfelben Jahr zu S. Michels tag vnd S. Lubentius, verbranten die von Limpurgk den zu Elckershauffen. [109]) Da verbrann ein knecht in dem feur, der lief von Dern vnd hat Sie gewarnet, vnd erfchlug ein man, vnd ein frauwenbild ward erfchoffen, vnd fing dazu vier man, vnd thaten das auf zwen, die waren jhre Feind, die ritten da aufs vnd ein, deren zweyer hiefs einer Krohe, vnd der ander hife Bufe, vnd diefelben wurden auch in dem jahr erhangen von andern jhren Feinden. Vnd das thaten die von Elckershauffen.

In demfelben jahr waren die von Reiffenberg feind Juncker Philipfen, Herrn zu Fal||ckenftein, vnd (67.) der wardt genant der Stumm von Falckenftein, nit dafs Er ein ftum were von rede, dann Er war ein ftum [110]) von wercken. Vnd. diefelben von Reiffenberg erftigen vnd gewonnen Konigftein jenfeit der höhe, vnd fingen Ihn mit vier feinen Kindern, vnd fürten Sie auf Ihr eigen Schlofs Reiffenberg. Da ftarb derfelbig Juncker bei den nechften acht tagen. Dann Er gar fehr gefallen hatte zu Konigftein, vnd were gern geflohen, da das erftigen

---

[109]) V: den thal zu Ellar. [110]) ein Stummer

ward. Vnd die Kinder gaben denen von Reiffenberg, dafs Sie ledig wurden, vnd Ihnen jhr haufs Konigftein wider wurd, zehen taufend gülden. Derfelben kinder ward eins ein Bifchof zu Trier, als man das hernach gefchrieben find, Der was genant Werner. Da man fchreib 1374. da ward Adolf, Graf Adolfs Sohn von Nassauw, Bifchof zu Speier, ein erwehlter Bifchoff zu Mentz von dem Capittel, vnd nam Er alle Schlofs in dem Biftumb zu Mentz, vnd was dern gewaltig. Vnd des fo gab der Bapft Gregorius IX. das Biftumb zu Mentz, Herrn Ludwigen, eines Marggrafen Sohn von Meiffen, Bifchof zu Babenberg. Vnd die zwen Bifchoffe legten fich gegen einander zu kriegen mit dem (68.) Schwert. Vnd der von || Nassauw wolte nit entrinnen dem Marggrafen von Meiffen, vnd zog an Sich Hertzog Otten von Braunfchweig, den Grafen von Waldeck, ein Grafen von Schwartzenberg, Grafen Johan von Nassauw Herrn zu Dillenberg, ein Grafen zu Ziegenhan, ein Grafen von Epftein, ein Grafen von Catzenelnbogen, die mit jhrem felbft leib, vnd dazu manchem andern Grafen vnd Herrn, mit einander zohen zu der Statt von Erdfurt [111]). Vnd hatten mehr dann Sechzehenhundert Ritter vnd Knecht ohne dern von Erdfurt groffe möge, vnd lagen alda, vnd vnterftunden den Marggrafen von Meiffen zu herfchen vnd fein land angewinnen. Vnd des befonnen Sich die Marggrafen von Meiffen, mit jhren Freunden, vnd kamen vor Erdfurt mit Sechstaufend Ritter vnd Knechten aufferlefen volck ohn all andere Burger, die Sie da hatten, vn legten Sich vmb Erdfurt, vnd fügten jhnen groffen fchaden. Vnd zuhieben jhnen

---

[111]) Erffurt

jhre Bangarten und herrſchaften Sie ſehr. Vnd da die vierzehen tag gelegen vor Erdfurt, da kam der Romiſche Keyſer Carolus IV. Konig zu Beheim, vnd ſein Sohn Wenceslaus, mit groſem volck Rittern vnd Knechten, vnd legte ſich auch vor Erdfurt mit den Marggrafen von Meiſſen, vnd lagen alda acht gantzer wochen ‖ mitein- (69.) ander mit groſen Ehren vnd gewalt, vnd hetten gern geſtritten mit den Herrn vn̄ mit der Statt von Erdfurt, vnd möchte das nit geſein. Vnd was von Herrn, Rittern vnd Knechten zu Erdfurt war, das ritt bey zweyen tagen meiſtlich alle aus vn̄. des nachts, vnd liefen den Keyſer mit den Marggrafen da liegen. So, doch behilt Biſchof Adolf vorgenant, das Biſtumb zu Mentz gentzlichen mit allen Schlöſſern Landen vnd Leuten mit rechter gewalt, wider den Bapſt, den Keyſer, die Marggrafen von Meiſſen, vnd lieſe die all jhr beſtes ſuchen, vnd regirte den Stift zu Mentz herrlichen, als ein küner gedürſtiger Fürſt führen ſolte, als der Meiſter ſpricht in der ſchulen: *Audaces fortuna juvat non omnibus horis.* Das ſprecht alſo:

> Das Glück hülfet den künen leuten
> Nit zu aller zeit, das laſs dir gedeuten.

An. 1374. auf den Montag nach vnſers Herrn Leichnamstag, das war der fünfte tag in dem May, da beſaſſe Herr Cuno von Falckenſtein Ertzbiſchof zu Trier, vnd Johann Herr zu Limpurg, das Gericht auf dem berg mit jhr ſelbſt leiben. Vnd das Gericht ſolte ſein gegangen vber einen Schöffen, der was genant Johann von Nüheim. ‖ Vnd hatten die vorgenante Herrn bey Im am (70.) Gericht Herrn Friederich von Sarwerde Ertzbiſchoffen zu Cöln, Johann Graf zu Seyn, Reinharden Herrn zu Westerburg vnd Diederich Herrn zu Runckel, vnd andere viel Ritter vnd Knechte. Vnd das Gericht ging in der Form vnd weiſs an, als das hernach geschrieben stehet.

Da ſtund ein Ritter mit namen Herr Diederich Waltpode, vnd fragte von der Herrn wegen, die Schöffen zu Limpurg, daſs Sie auf den Eyd ſagten vnd offenbarten, wofür Sie die Herrn hielten, was jhre Herrſchaft vnd jhre Freyheit vnd jhr recht were zu Limpurg. Da gingen die Schöffen auſs vnd namen einen Raht, vnd kamen wider, vnd verſprecheten Sich. Das wort ſprach Johann Bope, Schöff zu Limpurg, gar herrlichen, vnd ſtund feſtiglichen in der Schöffen wort von anbegin des Gerichts biſs zu letzt auſſen, vnd ſprach alſo: Wir bekennen, daſs vnſer Herr zu Trier iſt vnſer gekaufter Herr, nach laut vnd ausweiſung ſolcher Brief, die darüber geben vnd verſigelt ſeind. Behaltnus vnd verbringung [112]) auch ſolcher Brief vnd Reuers brief, die auch die Burgk vnd die Statt von Limpurg von dem
(71.) Stift vnd vnſern Herrn von Trier vnd ‖ ſeinen Vorfahren widerumb vnd dagegen führen, ſprach Er, Wir bekennen vnd halten vnſern Junckern von Limpurg, vor vnſern rechten gebornen Herrn, der von der Herrſchaft von ſeinen lieben Eltern ſeligen geboren iſt, wie daſs die Herrſchaft vnd Herligkeit an Ihn erſtorben vnd kommen iſt von ſeinem Vatter, vnd Herrn Gerlachen ſeinem Bruder vnſerm Herrn ſeligen.

Zu dem andern mahl ſtund der vorgenante Ritter, vnd fraget die Schöffen von der Herrn wegen, vnd er-

---

[112]) vollbringung

mahnet Sie gar ernftlichen vnd vf den Eyd, dafs Sie erzehleten vnd fagten von puncten zu puncten, vnd von ftück zu ftück, fo was der Herrfchaft, Ihr herrligkeit, Freyheit vnd Recht wer, vnd was man jhnen hie zu Limpurg an der Herrfchaft bekennete, doch aber an jhrer Herrfchaft vnd Freyheit vnverluftigt. Da gingen die Schöffen aber auffen, vnd beredeten fich, vnd kamen wider. Vnd fprache der vorgenante Johann Bope: Wir wiffen vor ein recht, dafs das Gericht zu Limpurg vnfer Herr ift vber hals vnd haubt, doch dafs die Herrn an keinen Burger von Limpurg nit greiffen noch taften follen in einige weifs, die Schöffen haben dann zuforderft darüber geweifet. Forther mehr wiffen wir vnferm Herrn die hochfte Bede, das feind zehen Marck Limpurger wehrung, vnd der gemeinen Statt ein Mentzer [113] fuder weins, vnd einem jglichen Schöffen vier pfennig mehr dann einem mercker. Anderwerb weifen wir den Herren die minfte Bede, das feind dreiffig fchilling pfennig, vnd jglichem Schöffen zehen pfennig, vnd dafs man keinen Burger zu Limpurg pfenden foll, noch angreiffen umb einige bede, man habe In dann zu zweyen vierzehen tagen vf die bede gedinget, vnd auf die kleine bede, zu dreyen vierzehen tagen. Auch foll man keinen Burger zu Limpurg antaften oder angreiffen mit dem Gericht der jemands gefchlagen oder geftoche hette, dieweil der den athem in feinem leib hat, der da gefchlagen were. Vnd feind diffe fachen alwegen wolherbracht, vnd allzeit herlich vnd feftiglich gehalten.

Anderwerb fragte der vorgenant Ritter von der Herren wegen, Ob einer gewalt zu Limpurg thete, ob

---

[113]) Mäyntzer

einig man dann dem Herrn den mögte angreiffen, vnd halten bifs auff die Schöffen, auff dafs Er nicht vorflüchtig würde? Da gingen die Schöffen auffen, kamen wider, vnd antwort der vorgenant Johann Bope, vor
(73.) Sich vnd die Schöffen, vnd fprach: Wir wiffen vor ‖ ein recht, So fchier ein einigem [114]) man ein gewalt wird geklaget, fo fol Er ein Gericht befcheiden von der Herren wegen, vnd fol die Schöffen auch verhauffen vmb die clag auf jhm, fo, wie die gehandelt vnd gethan ift. Darnach dann dafs die clage vf den gebracht ift, darauf follent fich die Schöffen berathen vnd entfinnen, vnd follen darauf fagen vnd vor ein recht weifen das Sie bedüncket das [115]) recht fey. Vnd das jhn werde geweifet von erft von den Schöffen, fo follen die Herren, noch jhre Amptleut, an keinen Burger greiffen zu Limpurg, noch taften in keine weifs.

Anderwerb fragte der Ritter vorgenant von der Herren wegen, Ob man einen bedächte, dafs er ein gewalt gethan hette vnd begangen, was der den Herrn fchuldig were?

Darumb fo gingen die Schöffen aber aufs, beredeten Sich, vnd kamen wider. Vnd gab der vorgenante Johann Bope von der Schöffen wegen zur Antwort, vnd fprach: Lieber Herr, Wir die Schöffen von Limpurg, Wir weiffen noch fprechen kein Vrtheil vf gedencken, vnd fagte Im nichts mehr. Lieben Freund, da diffe frage vnd Antwort als vorgefchrieben fteht, vnd
(74.) noch viel mehr redt, [116]) die nit alle hier ‖ gefchrieben ftehen, gefchehen waren mit herrligkeit, vnd mit weifsheit verantwortet worden, da ftunden die vorgenante

---

[114]) einem einigen [115]) dafs [116]) Rede

zwen Fürsten auf, von Trier, vnd von Cöln, die Grafen, Herrn, Ritter vnd Knecht, vnd verwunderten sich der grossen fürsichtigkeit. Vnd einer sahe den andern an, als ob sie solten sprechen,

> Der haafs ist vns entgangen,
> Den wir wolten han gefangen.

Vnd gaben den Schöffen grosse Ehr vnd Weisheit, vnd also schieden Sie von hinnen.

> Daran gedenckt jhr jungen vnd jhr alten,
> Dafs jhr mit weisheit möcht behalten
>   Ewer Leib gut vnd Ehre,
>   Das ist euwern Kindern gute mehre.

Vnd bittet Gott vor den Schreiber Johann, der dis Vrtheil verstund vnd in ein Notul begriff zu Ehr vnd seligkeit [117]) der Stat Limpurg.

Dis seind die Schöffen die zu disser zeit waren zu Limpurg, da dis vorgenant Gericht geschahe, mit namen Johann Bope, Johan von Nüheim, Helwig von Holtzhauffen, Marquard von Burgund, Otto Knipe, Cuntz Schulteifs, Johann Mülich, Heinrich Weifs, Cuntz Puel, Cuno vf der Schopen, Johann Sebolt der Alt. ‖

Zu disser zeit, fünf oder Sechs Jahr davor, war auf (75.) dem Mayn ein Münch Barfüser Ordens, der ward von den Leuten aussätzig, vnd war nit rein. Der machte die besten lieder vnd reihen in der welt von gedicht vnd melodeyen, dafs im Niemand vf Reinesstrom [118]) oder in dissen landen wol gleichen mochte. Vnd was er sung, das sungen die Leut alle gern, vnd alle Meister pfiffen,

---

[117]) Herrlichkeit [118]) auf dem Rheinstrohm

vnd andere Spilleut furten den gefang vnd das Gedicht.
Er fang dis lied:
>Ich binn aufsgezehlet,
>Mann weiffet mich armen vor die thür,
>Vntreuw Ich fpür
>Nun zu allen zeiten.

Item fang Er:
>May, May, May, die wunnigliche zeit
>Menniglichen Freude geit
>Ohn mir. Wer mainte das?

Item fang Er:
>Der Vntreuw ift mit mir gefpilt etc.

Dern lied vnd widergefang machte Er gar viel, vnd was das alles luftiglich zu hören.

Anno 1375. da war zumahl ein truckener heifer Sommer, alfo dafs es mehr als zwölf wochen vngeregnet was. Vnd in dem jahr war alfo gut korn vnd frucht, dafs man da bey viertzig jahren desgleichen je mocht (76.) gefehen [119]). Vnd galt zu Limpurg in der Ernd ‖ vnder der Sigling ein gülden, vnd zu ftund zehen fchilling. Vnd war gut wein in der zeit, vnd deffen war gar viel worden. Dann die Sonn hatte jhn verbrant vnd verherget, vnd galt die befte maafs wein zu Limpurg acht alte heller. Vnd das werete ein jahr nach einander.

In demfelbigen Jahr zu Herbft vor S. Michaels tag, da quam ein groffe Gefelfchaft vom **Lamparden** vor Metz. Da lag Sie auf der Mofel in dem Land, vnd wüftet [120]) das land. Dann die von Metz dingeten mit jhnen mehr dann vmb zwentzig taufend guter gülden, dafs fie in frieden verplieben, vnd dafs Ihr Weingarten

---

[119]) gefehen haben [120]) verwüftet

verplieben vngefchedigt. Da volnzogen [121]) Sie in das Biftumb von Trier. Des ward gewar der Ehrwürdig Cuno Ertzbifchoff zu Trier vorgenant, vnd befamlet [122]) fich mit groffem Volck, vnd wolt mit Ihnen geftritten haben. Da flohen Sie hinweg, vnd kamen gen Strafsburg in dem land alle vmb vnd vmb in dem Elfas, mehr dann zwen Monat, mit gantzer gewalt, vnd verderbten das land gemeinlich, vnd wurden geachtet dafs Sie hatten mehr dann Zwentzig taufend mann gewapnet, ohn fchützen vnd andere man vnd Frauwen. Da befamleten Sich die Fürften, mit na||men der Hertzog von Ofterreich, (77.) der Hertzog von Beyerland, vnd Herr Adolf Bifchoff zu Speier, erwelter Ertzbifchoff zu Mentz, vnd dazu die Grafen vnd Herren, alfo dafs Sie leut genug hatten zu ftreitten. Dann die zu Strafsburg vnd die andern Stätte hatten nit gut glauben zu den Fürften, vnd wolten nit zu feld. Jedoch fo zohe [123]) die Gefelfchaft hinder fich, vnd flohe in Welfchland. Vnd darnach da Sie gewar wurden, dafs die Fürften verritten vnd gefcheiden waren, da kame die vorgenante Gefelfchafft widerumb in Elfas. Da befamleten Sich die Schweitzer vnd zogen vber Sie, vnd verbranten jhrer in einem Hoff vnd erfchlugen alfo viel, dafs jhrer da zweytaufend todt blieben. Vnd damit wurden Sie aus dem Land gejagt.

An. 1376. ward Wentzeslauw Konig zu Beheim gekohren vnd gewehlet zu einem Romifchen Konig. Vnd das gefchach bey feines Vatters Carli [124]) IV. lebtag [125]). Zwantzig jahr alt was derfelbig Konig Wenceslaus, vnd was geboren von feiner mutter einer

---

[121]) zogen [122]) verfamlete [123]) zog [124]) Caroli [125]) Leb-Zeit

von Schwednitz. Vnd Er hatte einen Bruder, der war jünger als Er, vnd war auch Caroli IV. Sohn, aber von
(78.) einer andern mutter, der ‖ hiefe Sigifmundus. Der ward ein Marggraf von Brandenburg. Dann die Marck war an das Reich geftorben, vnd fein Vatter belehnete jhn damit. Vnd darnach vmb zehen jahr, da erftarb das Konigreich von Vngarn ohn leibserben vf das heilige Reich. Das gabe Er Konig Wenceslai Bruder, vnd belehnete jhn damit. Da was Er ein Konig zu Vngarn, vnd ein Marggraf von Brandenburg. Vnd regirte Er gar herrlich, vnd behilt die kron von Vngarn, vnd die Marck gab Er feinem Bruder, der ftarb jung.

Vnd Wenceflaus Romifcher Konig zu Beheim legte fich wunderlich an. Dann er ritt des nachts in der Statt zu Prag allein felb drit oder felb ander vnd alfo, vnd fchluge Sich mit den buben, als ein ander bub, vnd trieb alfo viel vnglimpf vnd büberey, dafs alle welt Ihn begunt zu haffen, als das hernach gefchrieben ftehet, wie er von dem Romifchen Reich verftoffen wardt.

Anno 1378. in differ zeit ging an dafs man das helge gelüt fatzte zu Wilnah in dem land zu Sachfen. Vnd alda gefchahen zu mahl, viel groffer wunder vnd zeichen, das man anderswo alles befchrieben findt. ‖

(79.) *Anno 1379.* ftarb zu Rom Bapft Gregorius XI. vnd hatte regiret in das neundte jahr, Das heltet [126]) man preces vnd matuten, als hernach gefchrieben ftehet. An feine ftatt ward gekohren [127]) Urbanus VI. zu Rom von den Cardinalen. Vnd der war ein gewaltiger Bapft. Nun wahren etliche Cardinäl zu Avinion, die choren [128]) ein Bapft in dem Palatio zu Avinion, der hiefe Clemens,

---

[126]) da hielte [127]) erkohren [128]) kohren

vnd der wohnete auch alda zu Avinion. Alſo waren zwen Bäpſt, einer zu Rom, der war mit recht ein Bapſt, der ander zu Avinion mit vnrecht. Vnd der Keyſer vnd alle Churfürſten hiltens mit dem Romiſchen Bapſt, vnd der Konig von Franckreich, vnd alle ſeines Konigreichs Fürſten vnd Grafen vnter Ihm, hielten alle an jhm. Vnd das werete manch jahr, vnd mit namen in das zwölfte. Da ſtarb Urbanus VI. vorgenant. Da kohren die Cardinäl zu Rom an ſeine ſtatt einen andern Bapſt, der hieſs Bonifacius der Neundte, vnd der machte ein jubilaeum, der machte auch vmb ein zeit darnach das neuwe Feſt *Visitationis beatae Mariae Virginis*, vnd machte das in ſeinem erſten jahr, wiewol daſs man noch zehen jahr hatte zu Fünftzig jahren, daſs *Annus jubilaeus* an ſolte gehen. ||

In diſſer zeit ward Meerwegen gewonnen vnd zurbrochen bey Süntzingen, bei dem Rein. Das thet Herr Friederich von Sarwerden, Ertzbiſchoff zu Cöln.

Da man ſchreib [129]) 1379. da lag Herr Cuno von Falckenſtein, Ertzbiſchoff zu Trier, vor Hatzſtein, mit hülff der Stätt Mentz, Franckfort, vnd Limpurg. Vnd gewann Herr Cuno das bey vierzehen tagen, alſo daſs ſie ſich aufgaben, vnd gingen in ihre hand, vnd das zu ewigen tagen des vorgenanten Stifts vnd die vnterſaſſen des offenen hauſſes vorgenandt.

In diſſer zeit ſang vnd pfeiff man dis lied:

Die widerfart Ich gentzliche jagn,
Das pfrüſe ich Jäger an der ſpore,
Hoho Sie iſt dauore,
Der Ich ſo lang gewartet han.

---

[129]) ſchrieb

Eodem anno da was ein Gefelfchaft von Rittern vnd Knechten in dem land zu Heffen vnd auf der Ober Löhne, deren warn mehr dann zweyhundert, die hiefen die Gefellen von dem Horn, alfo hiefe man Sie die Hörner, die hielten zufammen vnd erzürnten etwan fehr jhre Nachbarn. Vnd diffe Gefelfchaft werete in das dritte jahr. Da nahmen Sie ein endt. ||

(81.) In diffem jahr da gingen die Studenten an zu Heydelberg bei Hertzog Ruprechten Pfaltzgrafen bey dem Rhein.

Anno 1380. in dem Hartmonat ward zu Limpurg ein kind geboren, das hatte vier arm vnd vier bein, vnd hatte ein platt auff feinem haupt, vnd ftarb zu hand. Vnd kante Ich fein Vatter vnd Mutter.

Eodem anno war ein Gefelfchaft auff dem Rein von Grafen, Herrn, Rittern vnd Knechten, die nanten fich die Brimmenden Löwen, vnd darein war der von Wirtenberg auch, vnd der Schwäbifchen Ritter vnd Knecht viel, vnd die waren feind der Statt von Franckfurt, vnd zogen für fie, vnd trungen [130]) die Statt dazu, dafs Sie mufte mehr dann Sechs vnd zwantzig gefangene lofs geben vnd ledig fagen ohn heller vnd ohn pfennig. Die Löwen waren von kelt [131]) vnd wereten nit lang.

In differ zeit war ein Maler zu Cöln, der hiefe Wilhelm. Der war der befte Maler in allen Teutfchen landen, als Er ward geachtet von den Meiftern. Er mahlete [132]) einen jglichen menfchen von aller geftalt als hette er gelebet.

In differ zeit in Weftpfalen in dem Stift zu Padel-
(82.) born vnd in denfelbigen orten all || vmb, [133]) war ein

---

[130]) drungen [131]) V: Kalw [132]) mahlete [133]) all herum

Gefelfchaft von Rittern vnd Knechten, die hiefen die Wolckener. Die Gefelfchaft nam ein end in dreyen Jahren.

In derfelben zeit fchlug Landgraf Herman von Heffen ein Burgk auf dem Wedelberg, bei dem Stetlein Neuwenburg, ein meil von Wolfen, vnd die Burgk ward wider abgebrochen bey zweyen Jahren, vnd das gefchahe ohn noth vnd mit einer freundfchafft ward begriffen. Vne auff demfelben Bergk hatte vor hundert Jahren ein Burgk auffgeftanden, zur Farth gelegen. Vf denfelbigen Berg ward vber Sechzehen Jahr noch ein aufgefchlagen, als hernach gefchrieben ftehet.

In derfelbigen zeit fang vnd pfeiff man dis lied:

> Verlangen Ich will mich nit begeben,
> Nacht vnd tag zu keiner zeit.

In der zeit war der fitt von der Kleidung verwandelt, alfo, wer heur ein Meifter war von den Schneidern, der war vber ein Jahr ein Knecht, als man das hernach gefchrieben find.

Anno 1380. da wurden die Reinifche Stett von Franckfurt bis gen Mentz, vnd in || Schwabenland, ein- (83.) trechtig, dafs Sie gleich vberein vnd alle machten einen Bund, vnd verbunden Sich mit eyd zu hauf, vnd gaben vnder fich diener in jglicher Statt nach gebür vnd jhrem vermögen, vnd verfoldeten fie alda, dafs fie wurden geacht an zwey taufend glenen Reitender Leut vnd reifige. Vnd ging Ihnen gar wol in den erften fünf Jahren, alfo dafs Sie den Ritt hatten, vnd gewonnen Burck vnd Land, vnd drengenden fehr Ihre Landsfürften, vnd dazu die Grafen, Herrn, Ritter vnd Knecht, alfo dafs Sie die herrfcheten vnd vberritten. Vnd etliche Stett vnderftunden ¹³⁴) zu dringen auch fehr die Pfaffen, Stifte, vnd Clöfter, vnd Geiftliche leute. Den hiefchen Sie fteur vnd gelt zu Ihren Söldenern von jhrer Geiftliche gab vnd beneficien, vnd vnderftunden zuviel zu greiffen. Da ward es jhnen zu clem, vnd ward ein zweyung vnd ein feindfchafft mit Hertzog Ruprecht von Beyern Pfaltzgrafen bey Rein, vnd mit dem Bund, vnd allen Hertzogen von Beyern, vnd andern viel Fürften, vnd der Herrn von Winfperg, die wurden alle feind des Bunds, vnd fatzten dem Bund fehr hart zu, als man hernach find gefchrieben. ||

(84.) *Eodem anno* vf S. Bonifacij tag, da hatte die Statt von Limpurg gar grofe fede, vnd kamen die feind mehr dann mit dreyhundert glenen, Ritter vnd Knechten, die beften Ritterfchaft die Ober vnd Nider Lohne hat, vnd fielen des morgens, da die Sonn aufging, in die Vorftatt, genfeit der Brucken, vnd verbranden mehr dann zwantzig heufer vnd fcheurn. Vnd die von Limpurg traten zu jhnen, vnd thaten grofs gewehr mit werfen vnd fchiefen, vnd wereten den feinden, dafs Sie nit möge hatten mehr zu brennen. Anders fie hetten die Vorftatt zumahl verbrandt vnd geplündert. Vnd blieb der feind einer todt, vnd wurden zwen gefangen, vnd deren von Limpurg wurden auch zwen gefangen. Vnd was darum. Deren von Limpurg Soldener einer erftach zu todt Diederichen von Staffel, edelknecht. Alfo kamen die von Limpurg in den krot. Dazu wurden fie getrungen von den Rittern vom Stein, von Langenauw, von Kauwenburg, ¹³⁵) vnd andern feinen Freunden.

In derfelben zeit zog der Reinifche vnd Schwebifche

---

¹³⁴) unterft. fich ¹³⁵) V: Kramberg

Bund vor die Burgk S o l m s) vnd .lagen zwifchen Wetzlar und Braunfels, vnd lagen ein Monat davor vnd zubrachen das zu grund. Hatzftein ward gewonnen ‖ vom (85.) Ertzbifchoff C u n e n von Falckenftein, Ertzbifchoffen zu Trier, vnd den Reichsftetten hie zu land.

Im felbigen Jahr ging an, dafs Herrn, Ritter vnd Knechte, drugen kurtze haar vnd krollen vber die ohren abgefchnitten gleich den Converfen Brüdern. Vnd thaten das die vorgenante Maynleut vnd gebaurn alle hernach.

In differ zeit da was das dritte f t e r b e n, in der maffen, als die erften fterben waren, das dann doch mäfslicher wafs.

In differ zeit ward die Burgk bey Herborn dem Stettlein, Gr e i f f e n ft e i n [136]) aufgefchlagen, von Graf R u p r e c h t Grafen zu Naffauw, vnd J o h a n n Grafen zu Solms. Vnd thaten das auf Graf Johannen [137]) von Naffauw, des Herrn was es auch. So hatte vor hundert jahren auch eine da gelegen, die hiefe auch Greiffenftein, vnd war zubrochen.

In derfelbigen zeit gefchach zu Limpurg ein Sach, deren man zu Limpurg nit mehr gefehen hatte, noch gefreyffet das jemand indencklichen wer, alfo dafs ein vierfeltig heilig ehefchaft gefchach. Vnd das was alfo. Es was ein wolgeborner man, der hiefe Hefs H e i n r i c h von Staffel, vnd der hatte drey junge Söhne. Vnd was in der zeit zu Lim‖purgk ein Burgerfen, [138]) die was ein (86.) Wittwe, die was eines Schöffen Tochter, der hiefe Johann Bope, vnd Sie hiefe Greth, vnd hatte Sie drey junge Töchter. Vnd griffen die acht zufammen zu der

---

[136]) Burg Gr. bei dem Städtlein Herb. [137]) „Grafen zu Solms. Vnd th. d. auf Gr. Johannen" fehlt bei V: [138]) Bürgerin

heiligen Ehe, alfo dafs Heinrich kaufte Grethen, vnd die drey junge Knaben kauften die drey gefchwifterten zu der heiligen Ehe. Zu einer zeit wurden die vorgenanten Eheleut in kurtzem von tods wegen alle gefcheiden, ohne leibserben. Das jüngfte par das bleib etc.

Anno 1385. da zog Albrecht [139]) von Nassauw Ertzbifchoff zu Mentz, Hertzog Otto von Braunfchweig, des Göttingen ift auff der Löhne, [140]) vnd die Marggrafen von Meiffen, vber Landgraf Herman zu Heffen, vnd hatten mehr dann zwantzig hundert Ritter vnd Knecht, on fufsvolck vnd ohn fchützen, vnd lagen ein Monat in dem Land zu Heffen vor Caffel vnd vor Greuenhaufen, das Sie verbrandten, vnd verderbten mehr dann hundert menfchen fo freund fo feindt, [141]) vnd die blieben meinstlich in den Kellern vnd in den Heufern. Dann die feind fuchten gut vnd gelt, vnd plünderten gar fehr. Vnd das feur vberfiel Sie, vnd blieben mit namen jhrer aufs der Statt Siebentzig, vnd der ‖ feind bey dreiffig, vnd deren wurden hundert menfchen.

Item Sunneberg [142]) ward aufgefchlagen bey Elckershaufen. Das thete Landgraf Heinrich von Heffen, Graf Ruprecht, vnd Juncker Johann Herr zu Limpurg Vnd vber ein Jahr darnach ward diefelb Burgk gewonnen vnd verbrandt.

Anno 1386. kam gen Limpurgk die Edle Frauw Hildegard von Saarwerde, vnd hatte gekauft den Edlen Juncker Johann Herrn zu Limpurgk, vnd ward herrlich zu Haufs gefatzt, als Ihr wol gezimpte.

Darnach vber zwey Jahr, da zogen die vorgenante

---

[139]) V: Adolff [140]) V: Leine [141]) fo fr. als feind [142]) V: Steuerburg

Herrn anderwerb vber den Landgrafen, vnd gewonnen den Niderftein. [143]) Die gaben Sich mit willen auf, vnd verbranten Gudenfperg, vnd gewonnen Rodenburg vnd Mülfingen auf der Fulda. Die gaben Sich all in jhre handt.

In diffen zeiten ftarb die gar alte Graffchaft Dietz ohne manserben ab, vnd liefe der Edle Graf **Gerhard** zwo Töchter. Die eltefte kaufte Juncker **Adolfen**, Graf Johannis Sohn von Naſſauw, Herrn zu Dillenberg. Vnd der ward ein Graf zu Dietz. || Alfo kam die Graf- (88.) fchaft Dietz an einen Grafen von Naſſauw. Vnd die ander Tochter kaufte einen Herren von Wildenburg bey Weftpfalen.

In diffem jahr ftreit der Herr von Ofterreich mit den Schweitzern, vnd wurd erfchlagen mit vielen Rittern vnd Knechten. Vnd behielten die Schweitzer das felt, wiewol das jhrer bey Sechshundert erfchlagen wurden in diffem ftreit.

In differ zeit war ein Mynner Bruder ein Barfüffer von Brabant genant Jacob. Der nam fich an, daſs er ein Weihebifchoffe were, vnd hatte falfche brieff darüber, vnd war kein Bifchof. Vnd der fuhr im Trierifchen vnd Mentzer Biftumb her vnd dar, [144]) vnd hatte mehr dann taufend geweihet, geordnet Acolyten vnd Subdiacon, Diaconos vnd Priefter, vnd die muften fich alle laſſen von andern von neuwem weihen. Vnd die nante man alle Jacobitas, nach dem vorigen fchalck Jacob. Denfelben achte ich böfer, dann Judam, der Chriftum Gottes Sohn verkaufte vnd verrieth. Dann die verrätherey

---

[143]) gew. Niderftein [144]) hin u. her

von Judas vorgangen, das was ein Salb vnd ein verlefchung des menfchlichen komers. Diffe verrätherey war ein verderbnus vnd ein verftörung der Chriftenheit.

(89.) Dann Er thet ‖ Layen Mefsfingen vnd fetzen die man wenete, dafs Sie Priefter weren, vnd wen man meint dafs Sie vnfers Herrn Leichnam vfhuben, fo huben Sie auf ein Semmelchen, vnd da rief man vnd bettet ein abgott an, vnd viel vnraths fiel darinn, das Ich nit all gefchreiben 145) kann.

Auch foltu wiffen fein geftalt vnd physiomey. 146) Dann ich jhn dick gefehen hab. Er war ein ran 147) man von ebener lenge, braun vnder den augen, mit einer lengelechten nafen, gefcherpt, fpitz, vnd ein langlegt antzlitz, vnd feine wangen waren etlicher maffen rödelfarb, vnd richtet fein leib vnd haubt auf vnd nider in groffer hoffart. Vnd gab jhm das ein böfs end. Dann Er ward in den fachen begriffen, vnd gefchach Im darumb fein recht.

Anno 1387. da waren gute Jahr. Da kaufte man auf dem Rein ein gut fuder wein vmb acht gülden, oder Sechs, auch vmb vier, redlich gut wein: den ein jglich man wol mocht trincken vber der taffel, ein fuder vmb drey gülden, vnd etlich vmb zwen gülden. Vnd kauft Bifchof A d o l f von 148) Mentz hundert fuder weins vmb acht gülden, vnd gab Er die fafs zu den weinen.

In differ zeit wurd ein Studium zu Cöln, das ward privilegirt. ‖

(90.) *Anno 1389.* in der Charwochen vor Oftern, Da wurden die Juden zu Prag in Beheim erfchlagen vnd ermordt

---

145) befchreiben 146) physionomie 147) magerer mann 148) zu Mayntz

von der Statt vnd den gemeinen Burgern dafelbft, alfo dafs der Juden todt blieben bey nahe hundert haufsgefäs. Das kam alfo. Ein Priefter trug das H. Sacrament, vnd folte einen Chriften menfchen berichten nit ferr von der Judengaffen. Da ward von einem Juden ein klein fteiniche geworfen auf die Monftrantzen. Das fahen die Chriften. Da ward ein gerief vnd gefchreye vber die Juden, dafs fie famlichen tod blieben.

In diefem jahr wurde ein kind geboren zu Bopparden auf dem Rein, das waren zwen Menfchen vber dem nabel, vnd vnden aufs ein menfch, vnd fturben vmb ein Jahr.

In derfelbigen zeit gingen Frauwen vnd Jungfrauwen, Edel vnd vnedel, mit Tapperten, vnd hatten die mitten gegürtet. Die gürtel hiefe man Dupfeng. Vnd die menner trugen fie lang vnd kurtz, wie Sie wolten, vnd machten daran grofe weite duch eins theils auf die erden. Du junger man, der noch fol geboren werden vber hundert jahr, du folt wiffen, das die kleidung vnd die manirung der kleider differ gegenwertigen welt nichts an fich genommen hat von grobheit oder herrligkeit. [149]) Dann Sie diffe kleidung vnd fitt von grof||fer hoffart er- (91.) funden vnd gemacht hant. Wiewol man findet, dafs diefelbe kleidung vor vier hundert jahren auch etlicher maffen gewefen feind, als man wol fiehet in den alten ftiften vnd kirchen, da man find folche ftein vnd bild gekleidet. Auch furten Ritter, Knecht vnd Burger, Schecken vnd Scheckenröck geflitzert hinden vnd neben mit grofen weiten armen, vnd die Preifgen an den armen

---

[119]) von der Grobh. oder von Herrl.

hatten ein halb elen oder mehr. Das hinge den leuten vber die hende. Wann man wolte, fchlug man Sie auf. Die hunds kugeln furthen Ritter vnd Knecht, Burger vnd reifige leut, bruft: vnd glattbeingewand zu ftorm vnd zu ftreitten, vnd keinen tartfchen noch fchilt, alfo dafs man vnder hundert Rittern vnd Knechten nit einen fand, der einen tartfchen oder fchilt hette. Vorther [150]) trugen die menner ermel an wambfern, vnd an den fchauben, vnd an anderer kleidung. Die hatten ftaufen, bey nahe auf die Erden. Vnd wer den allerlengften trug, der was der man. Die Frauwen trugen Behemifche kogeln, die gingen da an in diffen landen. Die Kogeln ftortzt ein Frauw auf jhr haubt, vnd ftunden jhnen vornen auf zu berg vber das Haubt, als man die Heiligen mahlet mit den Diademen. ||

(92.) Anno 1389. ftritten die Hertzogen von Beiern, mit namen Herr Ruprecht, Pfaltzgraf bei Rein, vnd Hertzog Ruprecht fein vetter, mit denen von Mentz, vnd mit jhren Bundgefellen vom Rein, vnd warfen den Bund nider bey Beckelnheim, vnd erfchlugen vnd fingen deren bey vierhundert, vnd warfen der blofen buben fünftzig in den kalckofen, vnd verbranten die zu pulfer. Vnd gefchach es jhnen darumb, dafs Sie zu fufs lifen vnd fchendeten Kirchen vnd Claufen, vnd gefchach jhnen diefelbige fchmaheit vorgefchrieben widerumb in recompenfam.

In demfelbigen jahr auf S. Bonifacius tag, Da waren die von Franckfurt ausgezogen, jhrer mehr dann fünfzehen hundert wol bereiter leut mit hauben, harnifch vnd beingewandt, vnd kamen vor Cronweiffenburg [151])

---

[150]) Fürter [151]) V: vor Cronberg

an die Feind. Vnd die feind waren von Cronbergk, vnd hatten wol hundert Ritter vnd Knecht, vnd dazu den vorgenanten thal zu Cronberg. Vnd lagen die von Franckfurt nider, alſo daſs jhrer bey hundert erſchlagen wurden, vnd jhrer mehr dann Sechshundert gefangen. Alſo ſchlug der kleine hauf den groſſen hauffen nider. Das war nit wunder. Dann der groſſe hauffe flohe, vnd der kleine ſtreite. O Franckfurt Franckfurt, ge‖dencke (93.) diſſer ſchlacht *(proditorie ut creditur Francofurtenses occubuerunt)* vnd gaben die von Franckfurt vor jhre gefangene mehr dann Siebentzig tauſend gülden.

In demſelben Jahr lage der Schwebiſche Bund auch nieder die in dem Bund waren, vnd verlohren den ſtreit, mit jhrem groſſen ſchaden, vnd blieben todt vnd gefangen mehr dann dreyhundert man. Vnd der Jung von Würtzburg bleib todt, auf der andern ſeiten. Dann Er war wider den Bund. Alſo ward der Bund vmbgeworffen, als ein gebund ſtrohe. Man ſol wiſſen, daſs die vorgenante Stett den vorgenanten Bund mit groſſer weiſsheit vnd mit herrligkeit angehaben hatten, vmb nutz vnd herrligkeit der Stett vnd des Lands, vnd nam ein böſs end. Darumb ſo loben jhs vnd ſchelte nit. Dann wo das end böſs iſt, da iſt der vrſprung nit zu loben: als der Meiſter ſpricht in den Schulen: *Principium lauda cujus sequitur bona causa.* Das iſt:

> Lob das anbeginn, das iſt mein Raht,
> Wann die ſache ein gut ende hat.

In diſſer zeit ward zu Mentz ein vnglaub offenbahr, der hatte heimlich gewert mehr dann Sechshundert Jahr oder lenger. Diſer ‖ vnglaub vnd Articul war alſo: Daſs (94.) man nimmer nit andere Heiligen anruffen ſolte, Dann fie beteten vor niemand: Item Sie hielten, dafs zwen weg weren, Wann ein Menfch geftorben wer, fo führe Er gen himmelreich [152]) oder in die hell: Item hielten Sie in jhren fitten, dafs ein purer Leyhe mogte alfo wol confecriren als ein Pfaff: Item Sie hielten, dafs der Bifchoff oder der Bapft kein Ablafs mogten geben: Item hielten Sie, dafs das gebott Almofen geben, Meffen vnd Faften, das hülfe alles nichts die Seelen, denen man das nachthete.

Anno 1389. zoge der Konig von Franckreich in Teutfchland vber einen Hertzogen von Jülch, vnd vber den Hertzogen von Gellern, vnd lag einen Monat in des Hertzogen land von Jülch. Vnd die zwen Hertzogen gingen in handen des vorgenanten Konigs, vnd fuchten genad, vnd der Konig von Franckreich nam Ihn zu gnaden. Vnd ein Ertzbifchof zu Cöln, der hiefe **Friederich** von Sarwerden, von dem vorgefchrieben fteht, der reit mit gantzem ernft vnd mit fleifs zwifchen den Konig vnd den vorgenanten Hertzogen von Gellern, vnd arbeitet gar ernftlich, alfo, dafs Er den Hertzogen (95.) von Gellern auch zu gna‖den nahme. Auch fo hatte der vorgenante Konig mehr dann taufend hundert reifiger pferd, alfo dafs man fein volck achtet an Sechstaufendt Ritter vnd Knecht, aufsgenommen die Schützen die Er hatte. Vnd lage der Konig mit feinem felbft leib zu feld mit groffer gewalt, mit folcher herrligkeit vnd herfchaft, als bisher an difem heutigen tag niemehr gefehen ward in Teutfchen landen, vnd furte mit Im Müntzer, die Ime alle tag Gülden fchlugen. Jedoch verlohr er manchen man, die Ihme abgefangen vnd erfchlagen

---

[152]) Himmel

wurden in Teutfchen landen etc. Derfelbig Konig ward Rafend als ein hund in dreyen Jahren darnach.

Eodem [153]) ftarb der Ehrwürdig Herr Cuno von Falckenftein, Ertzbifchof zu Trier. Da ward Herr Werner von Falckenftein ein erwelter Ertzbifchof zu Trier, vnd ward feind d' Statt Oberwefel, vnd zohe vor Sie, vnd fchlug ein Haufs auf zu Nidernberg, vnd lag da vor Wefel mehr dann ein gantz jahr, vnd hiebe die weingarten ab, vnd thete ein groffen verderblichen fchaden mit den grofen Büchfen. Vnd blieb in der Statt Wefel manch Menfch tod von den Büchfen. Auch fo hatten Sie vor der Statt manch gerenn vnd fcharmitze vnd geritt zu einer zeit, dafs deren von Wefel mehr dann zwantzig man todt blieben auf der Walftat. ||

Anno Domini 1390. da fchlug Graf Philips Herr (96.) zu Naffauw vnd Herr zu Merenburgk ein Haufs vnd Burck auf die Ifer, nit weit bey Braunfels. Vnd die Burgk ward geheiffen Philipsftein, nach dem Herren. Vnd derfelbe Philips hatte auch die Graffchaft von Sarbruck, die war jm anerftorben von feiner Mutter, die war ein Tochter eines Grafen von Sarbrück. Der Philips regirte hier vnd dort in Welfchland. Der kaufte ein weib von Sponheim, der ftarb ein gut land auf, das Im hernach ward von feinem Weib.

Eodem in dem Herbft da was alfo viel weins auf der Lohn gewachfen, als jemand auf der Lohne gedencken mogte, alfo dafs ein fuder Frenckifch wein galt zu Naffauw vnd in der terminey acht gulden, vnd in der mafen.

Eodem erfchlug Herr Conrad Spiegel von Deffenberg, ein [154]) Ritter in Weftphalen, einen Grafen von

---

[153]) V: Anno 1388 (die ganze Stelle ist weiter oben eingefchoben)
[154]) einen Ritter

Schwartzenburgk todt zu der Liebenauw bey Heffen. Vnd gefchach das mit verrätherey.

In demfelbigen Jahr ward Grünberg in Heffon verbrant zumahl von eigenem feur, vnd zwantzig Jahr davor da ward es auch verbrandt von eigenem feur. ||

(97.) In derfelben zeit vorgefchrieben, da was ein Bifchof zu Speir, der was von Wifsbaden eines Burgers fohn dafelbft, vnd den half Hertzog Ruprecht Pfaltzgraf bey Rein handhaben. Dann Er war fein Schreiber gewefen, vnd mocht Im anders nit gefchehen fein. Vnd regirt fein Stift befcheidenlich vnd wol.

In differ zeit war ein Konigin zu Dennmarck Wittwe, feind des Konigs zu Schweden, vnd hatten gar groffen Krieg, vnd darumb ward groffe teurung in diffen landen von gefaltzen Fifchen, alfo dafs ein Thonn hering gern galt Neun fchwerer gülden. Vnd in demfelbigen Krieg fing die Konigin den Konig von Schweden, vnd fchetzet Im ab mehr dann Sechs taufent marck filbers. Da ward der vorgenante Krieg gefünet.

Anno 1391. war ein Bifchof zu Padelborn, [155]) der war eines Hertzogen fohn von dem Bergk, der regirt den Stift gar herrlichen mit groffen Ehren, vnd befchirmete die ftraffen, vnd gab Rittern vnd Knechten hengft, pferd vnd gut, vnd thet auch armen leuten zumahl gütlichen. Des fo ward ein Gefelfchaft gemacht wider Ihn. Das war die Ritterfchaft in Heffen vnd Weftphalen, die ||

(98.) hiefen die Dengeler, [156]) vnd die fürten Klopel, vnd fetzten dem vorgenanten Bifchof fehr zu, vnd bekrigten Ihn vnd den Stift, wider recht. Dann es geburte dem vorgenanten Bifchof bey einem Jahr, dafs Er niderwarf

---

[155]) Paderborn [156]) V: Bengeler

der Klupel bey hundert Ritter vnd Knecht der allerbeſten die vnder jhnen waren, vnd fing den von Parsberg, den Spigel, eins theils von dem Deſſenberg, deren von Falckenberg, die von Hertingshauſen, vnd die Wölf von Hartenberg [157]) in dem land zu Heſſen. Vnd ſolten die loſs werden, ſo muſten Sie geben zu Schatzung an gereidem golt bey dreiſsig tauſendt gülden von Florentz. Alſo verging die vorgenante Geſelſchaft von den Kloppeln.

In demſelben Jahr, da nahmen die von Battenberg auf der Straſſen, nit fern von Inn in Weſtphalen, mit viertzig gezauwen Komer mit wegen vnd allem vorraht der darauf war von Fiſcherey, von Leder, von anderm vorraht, das von der See kam in diſs Land. Da zoge der vorgenante Biſchof mit andern Fürſten, mit namen, mit Landgraff Herman zu Heſſen, vnd mit dem Hertzogen von Braunſchweig, vor Pattenberg, [158]) vnd gewonnen das Stetgen, vnd vertilgeten || das land. Aber die zwey (99.) heuſer zu Battenberg konten Sie nit gewinnen.

Darnach vber drey Jahr da ſtarb der Biſchof zu Palborn, [159]) vnd war gar ein jung man, vnd hatte gar herrlich regiert, vnd ward Er beſchrien vnd geclagt. Dann Er war glückſelig in allen ſeinen ſachen, die Er angrif. Vnd ward an ſeine Statt ein ander Biſchof gekoren, der war von der Hoye. Der regirt auch wol, vnd hette es gern dem erſten gleich gethan, hette Er es vermögt.

Anno 1391. da ward ein Biſchof von Coln feind des Grafen von der Marck. Der Biſchof hieſe Friederich, vnd was von Sarwerden, von dem vorgeſchrieben ſteht.

---

[157]) V: Schartenberg [158]) V: Padberg [159]) Paderborn

Vnd der Graf von der Marck hiefe Gilbrecht. ¹⁶⁰) Der krig ward hart, grofs vnd weit. Den Bifchof vo Trier legte den Hoff von Cöln zu mit Rittern vnd Knechten vnd Stetten. So hulfen Ihm die Bifchof von Weftphalen, der Bifchof von Münfter vnd von Offenbruck ¹⁶¹). Der vorgefchrieben Graff Engelbrecht ward fo hochmütig vnd wolgefreund, vnd entbot einen Mont vor, dem Bifchoff zu Coln, dafs Er jhn mit gewalt in feinem Land vberzihen wolt vnd vberreitten. Vnter deffen be-

100.) ftelt fich der Bifchoff von Coln, dafs Er || hat mehr dann Sechs hundert Ritter vnd Knecht, vnd dazu fo hatte Er fein Land vnd Stett alfo, dafs man die Burger achtet an funfzehen taufend man, wolgewapnet. Vnd kam Graff Engelbrecht vnd bracht mit Im ein Hertzog von Lünenburg, der ift ein Sachs, vnd dazu ¹⁶²) Ritterfchaft aus der Graffchafft Holftein vnd von Weftphalen, alfo dafs Sein volck von Rittern vnd Knechten ward geprüfet an vierzehen hundert glenen, vnd zweyhundert Schützen dazu, vnd fuhren vber Rein in das Burgauw, vnd lag darein mit rechter gewalt zu feldt zehen tag vnd nacht, vnd wüfteten vnd brandten, namen vnd herrfcheten alles was darein was, bifs an die Statt zu Bonn. Vnd war das gar ein Ritterlich feindlich leger, vnd erfchlugen der Collnifchen vor dem Brolle mehr dann dreiffig todt. Vnd der Bifchof bewarte fein Schlofs als ein weiffer Fürft, vnd ftreit nit, darumb man viel red auf jhn fagt. Vnd der vorgenante Graff Engelbrecht behilt das felt mit grofen Ehren. Darnach vber ein jahr ftarb Graff Engelbrecht vorgefchrieben auf feinem bett ohne leibs erben, vnd ward die Graffchaft etc. ||

---

¹⁶⁰) Engelbrecht ¹⁶¹) Ofsnabruck ¹⁶²) dazu die

In demſelbigen jahr hatte Wenceslaus Romiſcher (101 Konig vnd zu Beheim, vngnad auf alle Juden in Teutſchland, vnd das war darumb, daſs Sie Im nit gaben ſeinen tribut vnd ſeinen jahrzins. Sein Jahrzins iſt von jglichem Juden der da iſt vber dreyzehen jahr vnd ein man iſt, alle jahr ein gülden, vnd ſchreib Er vnd gebot den Fürſten, Grafen, Herrn, vnd auch den Stetten, daſs man den Juden die vnder jhnen geſeſſen waren, keinen wucher von einiger ſchuld geben ſolte, hette Er jhnen zu wucher geben, Den ſolt Er abſchlagen an dem Haubtgelt, welcher Jud das nit thun wolte, dem ſolte man nichts vberall geben, vnd wie das quam, den Juden ward lützel vnd wenig gelts, vnd gaben jhr brief gar ſehr wider, alſo daſs Sie mehr dann halber buben worden, vnd manch Ritter vnd Knecht vnd Burger auf dem Rein, vnd auf der Moſel, vnd anderswo blieben in groſſer Narung. Vnd alſo muſten die Juden dem Romiſchen Kaiſer vnd Konig forthin ſeinen Jährlichen zinſs vnd ſein tribut geben, alzeit zu ewigen tagen. Vnd alſo wurden die Juden vnderweiſet, daſs Ein Romiſcher Keiſer vnd Konig jhr Herr iſt, als man lieſet in der Paſſion daſs die Juden rieffen, ‖ *Regem non habemus nisi Caesarem.* Das hoiſſet alſo: (102.

Wir haben keinen Konig meh
Dann den Keyſer bei vnſer Eh. [163])

Du ſolt wiſſen, daſs man von diſſem Konig kein guts mehr weiſs zu ſchreiben, als du hernach auch findeſt geſchrieben.

Eodem anno beſaſs Landgraff Herman ein Gericht zu Caſſel in der Statt, vnd thet manchem dem aller-

---

[163]) V: Ehr

reichſten vnd mögeſten in der Statt jhr haubt abſchlagen, vnd thete dern eins theils viertheilen, vnd ſetzen an vier Endt, vnd zeihete Er die an, Sie hetten Ihn verrathen gegen ſeinen Feinden, vnd das kam aus von den Feinden, als Sie geſünet worden mit dem Landgrafen. In demſelben Jahr vorgenant verbrant Lintz von eigenem Feur biſs auf ein trittheil der Statt.

Anno 1392. ward Keyſer Wenceslaus der Statt Straſsbnrg feind, vnd ſein Gewalt zog vor Straſsburgk, vnd hatte mehr dann zweytauſend Ritter vnd Knecht vnd glenen, vnd lag vor jhnen mehr dann einen gantzen Monat: vnd wüſteten, brandten, vnd nahmen alles das in
.103.) die Statt gehö||ret. Vnd die von Straſsburgk hatten jhre Statt wol beſtelt, Thürn, Pforten vnd Mauren, vnd darüber hatten Sie bey zwantzig tauſendt man wolgewapnet vnd zu dem Streit wol bereit. Noch dannoch ſo blieben Sie in der Statt vnd kamen nit herauſſer. In dem jahr verdrieben die von Straſsburgk jhren Biſchoff. Dann Sie zeiheten Ihn, daſs Er diſſe Anleit vnd Zug vber Sie gemacht hette. Darnach ward Er ein Biſchof zu Vtrecht im Niderland. Auch waren die von Straſsburg in des Reichs Acht von des vorgenanten Konigs wegen. Das koſtet Sie mehr dann dreiſſig tauſendt gülden.

Eodem war wein genug an den ſtöcken, vnd kam ein groſſer Reiff vnd froſt vf S. Matthei tag des Euangeliſten in dem Herbſt, vnd zwiſchen demſelbigen vnd S. Michaelis des Ertzengels tag, da erfror der wein an den ſtöcken, auf dem Rein, der Moſel, vnd allenthalben in Teutſchen lande, alſo, daſs man die trauben muſte ſtoſſen mit groſen ſtöſſeln, alſo hart waren Sie, vnd die wein wurden fo faur, dafs Sie wurden fchmecken [164]) als faft von holtzöpfeln. Der wein hiefe Ratzman, vnd die quart wolt nit gar drey heller gelten. Vnd in dem andern jahr ward gut wein, ‖ vnd galt die quart zwen Englifch, (10: vnd war der Sommer alfo heifs, dafs der Rein vnd alle fliefende waffer fo klein wurden, als in vierzehen jahren niemand gefehen hatte. Vnd den nechften winter, der hernach kam, fiel fo ein grofer Schne vmb S. Cathareinen tag, als in zwantzig jahren in diffem land je nit gefallen, alfo dafs viel leut die vber feldt folten wandeln, die verdorben in dem Schne. Die wurden funden, da der Schne verging.

In demfelben jahr warf der Herr von Hinfpergk [165]) in dem feld nider den Jungen Hertzogen von Jülch vnd den jungen Grafen von Seyne, mehr dann mit dreiffig Rittern vnd Knechten. Die reifs war des Grafen vergehen.

Anno 1393. wurden die von Maftricht vf der Mafe nidergeworffen. Das thete ein Graf von Möers, hiefe Friederich. Der war jhr Feind, vnd hatte bey fünfhundert glenen vberall Ritter vnd Knecht, vnd rante vor die Statt mit eins theils leuten, vnd hilt darhinder, vnd warf Sie gar fchedlich nider, alfo dafs der Burger mehr dann zweyhundert vnd fünftzig erfchlagen, vnd dreyhundert gefangen wurden, vnd jhrer fturben viel in der ge-‖ fengnus, vnd lagen mehr dann ein jahr gefangen, vnd (105 gaben zwey vnd dreiffig taufend gulden, vnd ward eine gantze füne.

Eodem zoge das Reich vnd der Bifchof von Mentz vor Hatzftein, vnd lagen acht tag davor, vnd die Statt

---

[164]) fchmeckend [165]) V: Heinsperg

von Franckfurt, vnd zogen wider davon. Da hatten die Stett groſſe Büchſen, deren ſchoſs eine Sieben oder Acht Centener ſchwer. Vnd da gingen die groſſe Büxen an, deren man nit mehr geſehen hatte auf Erdreich von ſolcher gröſe vnd ſchwere. In diſſer zeit waren zwen Edle Grafen zu Catzenelnbogen, deren hieſſe einer Eberhard, der hatte groſſe ding vnd Ritterſchaft gethan, vnd beweiſſet in groſſen ſtreitten in diſſen landen, vnd vber Meer in dem Heiligen Land. Der hat gebauwe Schwalbach an der Aarde, vnd das thete Er vor diſſer zeit mehr dann dreiſſig jahr. Der ander ward geheiſſen Diether, vnd war Er von Limpurg geboren von der Mutter, der gar ein ſtrenger Herr ſeinen feinden was. Dann Er die mit groſſem volck, Ritter vnd Knechten, allezeit vberritt. Vnd das was alles ſein vſſatze, [166]) daſs Er ſeine feind vberritt, vnd was geheiſſen Werbe. [167]) Vnd die vorgenante gaben jhre kin‖der zu der heiligen Ehe zu hauf, Graf Eberhard gab ſeine tochter Grafen Diethers ſohn, der hieſſe Johann, auf daſs die Graffſchaft wider zu hauf keme. Derſelbig Graf Dieder war ein Vormunder des Lands zu Lützelburgk, von geheiſs des Romiſchen Konigs Wenceslaw, Konigs von Böheim, von Chriſti geburt 1395. Des ſo war der Graff von Sanct Paul feind des vorgenanten Lands zu Lützelburgk, vnd zog in dem Land mehr dann mit zwölfhundert glenen, Ritter vnd Knechten, vnd hatten dazu bey nahe hundert Schützen. Unter deſſen erwarb ſich der vorgenante Graf Diether in diſſen landen, vnd hatte mehr dann zweytauſend Ritter

---

[166]) Auffſatz [167]) V: Birbe

vnd Knecht. Vnd da der Graf von S. Paul lag mit feinen leuten, da hatten Sie fich vmbgraben. Vnd als Graf Diether vf einen morgen mit jhnen wolte ftreitten, da ritten die Wahlen des nachts hinweg, vnd liefen jhre pfeiffer pfeiffen durch die nacht, vnd liefen jhre toroiffen brennen durch die nacht, dafs man meinen folte, Sie weren noch alle da. Als fich Graf Diether zum ftreit ftelte, da waren fie alle weg geflohen.

Waltrabenftein die Burgk macht [168]) ein Graf von Nassauw in derfelben zeit vorgefchrieben, vnd der ward genant Walrabe, || vnd der ftarb jung, vnd hatte ein (107.) weib von Wefterburgk, vnd nach Im regirte fein fohn.

Da man fchreib 1393. entftund zu Coln ein zweyung zwifchen den Schöffen vnd gemeinem Raht. Das kam alfo, dafs den Raht bedauchte, dafs die Schöffen mehr zulegeten vnd beyftehend weren dem Bifchof von Coln dann der Gemein zu Coln. Vnd forther fo behilt die Gemein jhren willen, vnd vertrieben den Edlen Vogt von Coln, vnd fingen jhrer Schöffen eins theils, vnd legten die gefangen vf jhre Thürn, vnd die andern fchlugen fie aufs dem land vnd wurden vertrieben.

In differ zeit da hatten die von Coln forg, dafs der Bifchof genant Friderich von Saarwerden ein Burgk wolt auffchlagen zu Deutfch gegen Coln vber, vnd fuhren die von Coln vber Rein in der Palmnacht, vnd macheten aufs dem Münfter, da faffen Münch Benedicter Ordens, ein Burgk, die nanten Sie Palmenftein, weil es zu Palmarum begriffen ward.

Im felben jahr, ward der Edle Vogt von Coln

---

[168]) machte

Feind der Statt von Coln, vnd kam in dem feld zu gadern, vnd hatten einen Ponytz, alſo daſs der Vogt das feld behilt, vnd ſchlug deren von Coln todt guter reiſs-
(108.) leut auf dem walt, vnd fing deren von Coln mehr dann Sechtzig. Vnd ward das alles geſünct vmb ein jahr, vnd vor die gefangenen ward gegeben mehr dann zwantzig tauſend gulden, vnd die Schöffen von Coln die von der gemein gefangen lagen vnd vertrieben waren, wurden loſs vnd kamen wider gen Cöln.

Anno 1394. auf dem Sontag nach dem achtzehenden, ward zu Wetzlar auf der Löhn ein groſe zweiung in der Statt. Das kam alſo. Einer war geheiſen Haberkorn, der zog an ſich die zünft von der Gemeind, vnd ginge ſach an, vnd wolte die volnbringen, vnd begerten wider den Raht vnd wider Ehr, vnd kamen zu hauf von der Burgk vor der Kirche, vnd der Raht behilt die vberhand, vnd ſchlugen den Haberkorn ſelb Sechs todt, vor der Kirchen auf dem Kirchhof, vnd die Gemeindt worfen die haubter vmb, vnd ſuchten genad an den Raht, vnd ſünet ſich von ſtund der Raht vnd die Gemeinde.

In derſelbigen zeit vnd jahr hat Biſchof Werner von Trier, geboren von Falckenſtein, ein groſſen krieg mit dem Herren von Arnberg, vnd der werete mehr dann
(109.) ein jahr. Vnd gewann Biſchof Werner die Burgk genant Wilchenhauſen bey der Eyfel, vnd brach das ab biſs auf den grund.

In demſelben jahr ward Biſchoff Wernern abgewonnen ein Burgk genant Vhr, daſelbſt gelegen, vnd war die Burgk ſein pfand vor ein ſummen gelts. Vnd zogen ſeine freund von ſtund [169]) davor, vnd gewonnen es da

---

[169]) von ſtund an

wider mit dem erſten ſturm, vnd fing [170]) darauf den von Wylchenhauſen ſelb dreyzehen.

In diſſem jahr vnd zeit vorgeſchrieben war gewachſen gar ſaur wein. Dann der Froſt vberfiel den wein an den ſtöcken, ehe dann er reiff ward. Vnd kaufte der vorgenante Werner, Biſchof zu Trier, hundert fuder weins mit den faſſen vor vierhundert gülden, das was das fuder umb vier gulden. Vnd der wurd ſo lauter vf der hefen, daſs man jhn dranck vor Weihenachten aufs den gläſern.

In demſelben jahr ging der Ablaſs vnd Romerfarth an zu Düſſeldorf, das da ligt im Niderland, vnd iſt des Hertzogen von dem Bergk. Vnd was das von gnaden Bonifacius IX. PP. zu Rom. Vnd ward in derſelben zeit da geſtift ein Canonicat von neuwem, vnd das was von dem groſſen zulauf der da war. Auch ging dieſelbig gnad vnd gratien zu Cöln an, die werete ein gantzes jahr. ||

In diſſer zeit vorgeſchrieben, ward ein kind ge- (110.) boren zu Nidernbrechen im Trieriſchen Biſtumb, das was vnden ein Menſch, vnd vfwerts ein geſtalt einer krotten [171]) gleich. Vnd war das ein verhengnus von Gott: Wann, da man dem weib anzeigt, ſie trüge ein kind, ſo ſprach Sie vnd antwortet darauf, Sie trüge ein krötte. Vnd das was jhr antwort allezeit.

Da man ſchreib 1395. vf den Eſchtag, da ſtarb Er Johann [172]) von Iſenberg, Herr zu Büdingen, eines ſchnellen jhehen tods zu Coblentz, da hatte Er geturnirt vnd geſtochen, auch war Er gar ein geſchwind vbergreifen [173]) mann geweſt in ſeinen tagen.

---

[170]) fiengen [171]) Kröten [172]) V: ſtarb Graf Johann [173]) übergriffener

In diſſer zeit hatten die Barfüſſer zu Coln ein generale Capitulum, da kamen von allen landen mehr dann dreyzehenhundert Barfüſſer, miner Brüder zuſammen, vnd diſſe hilten alle an dem Bapſt zu Rom Bonifacio IX. Vnd die da an dem Bapſt Clementi zu Avinion hilten, kamen keiner dar. Ihrer weren anders [174]) mehr dann zweytauſend zuſammen kommen.

In demſelben jahr acht tag in dem May, das war auf ein Sontag, da kame ein groſs Wetter, Donner vnd (111.) Hagel, vnd theſte groſſen ſchaden an den früchten in vielen landen, vnd in den weingärten. Vnd mit ſonderheit [175]) die weingärten zu Oberweſel vff dem Rein wurden gar ſehr nidergeſchlagen, vf der Löhne zu Kalckofen, zu Limpurg, zu Kramperg, zu Wilnauw. Der Sommer war gar wunderlich von Donner vnd groſem gewitter, vnd geſchach groſſer ſchaden in dem jahr an früchten, wein, vnd geheuſs.

In derſelbigen zeit in der Pfingſtwochen ſchlug Graf Adolf zu Dietz vnd zu Naſſauw ein neuwe Burgk auf die Arde, nit fern von Limpurgk, die iſt genant Ardeck. Auch ſo hatte mehr dan hundert jahr zuuor ein Burgk da gelegen, vnd war doch niemand eindencklichen. Alſo lange zeit was das geweſen. Vnd hatten die leut das gehört von jhren Eltern. Vnd fand man auch da alte gräben vnd ſachen von einer alten Burgk, daſs man das wol pfrüfet.

In derſelben zeit vorgeſchrieben auf S. Barnabae tag, das war vf einen Freittag, nach vnſers Herrn Leichnams tag, war ein groſſer Erdbeben, alſo daſs die leut gar ſehr erſchracken vnd wurden erferth.

---

[174]) ſonſten [175]) in ſonderheit

In folcher zeit war groffes fterben in Teutfchen landen. Vnd deren groffen Peftilentz hab ich wol vier gefehen vnd erlebet. ||

Im felben jahr vorgefchrieben zogen die zwen Graf- (112.) fen, Philips zu Nassauw zu Saarbrucken, vnd Graf Diether von Catzenelnbogen, vor Elckershauffen, ein notfefte Burgk vf der Löhn gelegen, vnd fchlugen da ein ander Burgk vber Löhn gelegen auf, die ift genant Grafeneck. Vnd ward ein haufs vor zwölf jahren auch dafelbft aufgefchlagen, das was geheiffen Steurburg, als vorgefchrieben ift, die ward verbrand. Dann diffe Burgk Grafeneck ift wol behert, [176]) vnd hatte jhr macht vnd gewalt vor Elckershaufen liegendt, vnd herrfcheten Sie da mit grofen Büchfen, mit bleyden, vnd auch mit andern fachen, alfo dafs nit fpeifs en [177]) mochte darauf kommen, bifs das Sie die Burgk vnd den thal gewonnen mit rechter gewalt, in dem jahr darnach vf den erften Julij des Monats, war vf vnfer Frauwen Abend Vifitationis, vnd fingen darauf Sechzehen man, vnd die wurden verfchonet jhres leibs, vnd zubrachen das haufs. Dann daraufs ward gefchindet vnd beraubet alles land. Deren verftörung freuwete fich alt vnd jung, vnd danckaten Gott, dafs es zubrochen ift. Das haufs war dreyer gebrüder, deren war einer genant Eckard, der ander Heinrich, der dritt Conrad. ||

Da man fchreib 1396. war eine groffe zweyung in (113.) dem Raht zu Coln, alfo dafs ein theil von den mechtigften vnd den Oberften an fich nam die Gemeine, vnd liefe vber die andern, vnd fingen deren vierzehen, vnd dazu einen Ritter von dem Raht, der ward genant Hein-

---

[176]) beherrt [177]) dafs nichts von Speifs

rich von der Steue, vnd feine knechte. Denen fchlugen Sie jhr haubt ab vf dem Heumarck, vnd theilten den Ritter zu vier viertheil, vnd hingen jhn an vier end vor die pforten. Darnach vber ein halb jahr erhub fich vmb Coln ein ander zweyung, alfo, dafs Sie aber einem Ritter feln haubt abhieben, der ward genant Herr' Hiltgart vor der Statt zug, vnd furten den aufs an den Galgen. Der Ritter war alfo gethan, dafs jhn die gantze Gemein von Coln lieb hatte. Vnd das kam in einer kurtzen zeit, dafs er widerum gehaffet ward. Da gefchahe jm alfo. Das foltu wiffen weiffer man, wann dir es allerbefte gehet, vnd dein glück auffteiget, dafs du dich allererft hüten folt:

> Wann dein glück am meinften ift,
> So ift es verfetzt in kurtzer frift.

In felben jahr im Februario, war ein groffe befcheidenliche flut vnd geweffer, alfo, dafs man zu Coblentz mit fchiffen fuhr in S. ‖ Constantin [178]) ftrafen, auf den Kornmarck an die Brucke, da man gehet vber den graben zu S. Florian, vnd ging in die Kirche vnd Clofter, in die Barfuffen, vnd durch den Creutzgang. Vnd zu Limpurg ging die Lähn gleich dem gewelb an der Trenckpforten, die war Sechzehen fchuch hoch.

Eodem ward die Hunesburg in Sachffen an dem Hartz gelegen, ein greulich raubhaufs, daraufs groffer fchad der welt gefchach, gewonnen vnd in den grund zubrochen. Das theten die Fürften, Herren vnd Stett von dem Landfriden, vffingen [179]) auf der Burgk der gefellen viel, vnd der wurden gehangen von ftundt an

---

[178]) V: Castors [179]) vnd fingen

zwantzig man, vnd blieben auch viel vf der Burgk; die verbranden in dem feur. Alſo blieben todt ſo gehangen, vnd verbrand wurden vier vnd funſtzig menſchen.

Im ſelbigen jahr wurden die Herren von Meyland Hertzogen [180]) von Wenceslao Romiſchen vnd Behemiſchen Konig gemacht. Bishero waren Sie Herren geweſt.

Im ſelbigen jahr vmb [181]) vierzehen tag nach Oſtern, ward Ziegenhan, das Stetgen in Heſſen, vf einen Morgen frühe, als die Wechter von der Maurn waren gangen, erſtigen vnd gewonnen, vnd alles dar genom||men, das (115.) man geneides [182]) fand, gar geplundert, vnd verbrand da alzumahl, vnd zogen wider enwegk [183]).

In demſelbigen jahr vorgeſchrieben in dem Roſenmonat wurden die von Hanff, das grofs dorf bey Drackenfels, im feld nidergeworffen. Das thet eines Herren Sohn vōn Weſterburg, alſo dafs jhrer mehr dann Achtzig gefangen wurden vnd erſchlagen.

In demſelben jahr, acht tag nach Johannis Baptistae zu mittem ſommer [184]), da warf der Hertzog von dem Berg nider den Herrn von Lunenburg, [185]) der in dem Land wohnet zu Weſtpfalen, [186]) alſo dafs der von Lunenburg ward gefangen mehr dan mit vier vnd achtzig Rittern vnd Knechten. Vnd das geſchach in Weſtphalen bey Wyxelfort. Da lag nider die beſte Ritterſchaft die auf der Oberlohn geſeſſen waren, zwiſchen Marpurg vnd Wetzlar, mit namen die von Hatzfeld, die Breidenbach, die Milchling, vnd die von Buchſeck, vnd andere jhr genoſſen.

In derſelbigen zeit ward Höchſt, vf dem Mayn gelegen zwiſchen Mentz vn̄ Frackfurt, ein ſeuberlich ſtett-

---

[180]) zu Hertzogen [181]) vnd [182]) V: Gereides [183]) hinweg [184]) mitten im Sommer [185]) V: Limburg [186]) zu Weſtph. wohn.

lein, das höret in den Stift von Mentz, erftigen vnd gewonnen und zumahl verbrant. Das theten die von Cronberg, und gewonnen darein reifsiger gefattelter pferd, nahe dann
(116.) Sechzig. Der Bifchoff zu || Mentz, genant Herr Conrad, war geboren von Weinfperg, vnd war Helfer Graf Philips von Nassauw vnd Graf Diederichs von Catzenelnbogen, derfelbig Bifchoff was von Weinfperg, [187]) vnd ftund jhm bafs ein Röcklein dann ein pantzer. Auch foll man wiffen, dafs Höchft vorgenant vmb viertzig jahr zu einem ftetlein vnd zu einer freyheit begriffen ift worden, mit graben, plancken, vnd befriedet, als fich das erfordert.

In demfelbigen jahr vnd zeitten gewann der Hertzog von Gellern Schonforft das bey Aach ift gelegen. Vnd hatte Er dauor gelegen bey zwen Monat, vnd fand darauff grofs gut von Früchten, von wein vnd vorrath.

In diffem jahr ftritten die Heyden mit den Chriften, vnd die Heyden waren mit groffer gewalt gezogen vber den Konig von Vngarn, der war genant Konig Sigemund. Der war Keyfers Caroli Romifchen vnd Bohemifchen Konigs Sohn, vnd lagen vber jhm vnd theten groffen fchaden. Da gewann Er etliche ftreit. In derfelbigen zeit zohen die Chriften fehr zu, Ritter vnd Knecht. Vnd gefchach in dem Herbft, dafs die Chriften zogen
117.) vber die Heyden vor ein ftatt in der || Heydenfchaft, die ift genant Schiltauw. Da kamen der Heyden alfo viel, dafs jhrer mehr dan 4000 mehr waren dann der Chriften. Vnd verplieben der Chriften todt mehr dann Acht vnd zwantzig taufend. Das meinfte theil waren Ritter vnd Knecht, deren was gar viel aufs Franckreich, vnd alfo andere aufs vielen landen.

---

[187]) (ders. Bisch. was v. Weinsp.) fehlt bei V:

Anno 1397. *secundum calendarium Romanorum*, vf den Sechtzehenden tag genant Spurckel, [188]) da war ein Regenwetter, vnd fonderlich vf den vorgenanten tag zur Vefperzeit erhub fich ein groffer fturmwind, vnd dazu groffer donner, groffer Regen, groffer plix, vnd werete die gantze nacht bifs auf den tag, vnd gefchach viel fchaden von dem wind an dem gebeuw, dechern vnd heufern, vnd die waffer wurden grofs zufehendt, alfo dafs die Lohn bey Limpurg ging vber jhren gemeinen flufs vierzehen füfs hoch. Vnd verbrandt zu Strafsburgk mehr lann Sechshundert geheuffe zu derfelbigen zeit.

In derfelbigen zeit vnd jahr vorgefchrieben, wurden zwen Bifchoff zu Mentz gekohren, deren was einer von Nassauw genant Johann, vnd der ander von Limpurg [189]) genant Syfrid [190]). Der von Nassauw behilt das Biftumb ohne widerftand. ||

In demfelbigen jahr vorgefchrieben da verbranden (118.) zu Coblentz mehr als zweyhundert geheufs. Das feur het ein Ritter anftoffen von Ehrenberg, der war jhr feind.

In derfelbigen zeit verbrand Beckelnheim [191]) in lem Stift zu Trier bey nahe zu mahl. Das thet auch ler vorgenant Ritter von Ernberg, der beftelte, dafs es gefchach.

Anno 1397. da kamen die Fürften von Teutfchland gen Franckfurt, vnd hatten einen grofen Raht vnd Conilium, vnd vberkamen eines Landfriden, vnd lagen da bey acht tag mit grofer koft vnd herrligkeit. Mit namen do hatte der Romifche Keyfer vnd Konig zu Beheim, genant Wenceslaus, fein Gewalt dahin gefandt. Vnd

---

[188]) Sporckel [189])V: Leiningen [190]) V: Joffried [191]) V: Wittlich

in diſſer zeit waren zwen Biſchoff erwehlet zu Mentz, als vorgeſchrieben ſteht, vnd hatten da keine möge. Vnd was da Herr Friderich von Saarwerden Ertzbiſchof zu Coln, Werner von Falckenſtein, Ertzbiſchof zu Trier, der Biſchoff zu Wirtzburgk, von Babenberg, zu Speier, vnd andere viel mehr Pfaffen, Fürſten, Herrn, vnd Hertzog Ruprecht von Beiern Pfaltzgraf bey Rein, Hertzog Steffan, Hertzog Wilhelm, Hertzog Cleme, vnd (119.) Hertzog Heinrich, Hertzogen zu Beierland, ‖ Hertzog Lupolt von Oſterreich. Der lag da mit groſer herrligkeit, alſo daſs er thete rufen, wer da wolt eſſen, trincken, vnd ſeinen pferden fuder haben vmb Gott vnd vmb Ehre, der en keme zu ſeinem Hoff, vnd gab Er alle tag bey viertauſend pferden fuder. Auch war da Landgraf Herman zu Heſſen mehr dann mit fünfhundert pferden. Auch waren da die Marckgraffen von Meiſſen, Marckgraff Friederich vnd Marckgraf Jörg, vnd hatten bey zwölfhundert pferd. Hertzog Otto von Braunſchweig, der Marckgraf von Baden, vnd der Burggraf von Nürnberg. Alſo daſs der Hertzogen vnd Fürſten da waren zwey vnd dreiſſig. Item des Konigs Räth von Franckreich, Graf Philips, Graf Johann, Graf Heintz von Naſsauw, Graf Eberhard, Diether, und Johann zu Catzenelnboge, Graf Gunther, Heinrich vnd Johan von Schwartzenberg, Graf Simon von Sponheim, Johann Herr zu Limpurg, Graf Adolf von Dietz, Graf Otto von Solms. Diſſe Grafen vnd Herren alle zu nennen were zu viel. Dann die Suma von den Grafen vnd Herren trift ſich höher dan an anderthalb hundert. Vnd beſchieden ein andern tag wider gen Franckfurt vf S. Jacobs tag nechſtkommend. Auch waren da drey-
(120.) zehenhundert ‖ Ritter, vnd dreytauſendt Siebenhundert

Edelenknecht [192]). So dann waren da vierhundert vnd fünftzig vornehmer leut. So dann Spileut, Pfeiffer, Trommeter, fprecher vnd fahrenfchuler.

Im felben jahr im May warf Landgraff Herman von Heffen in dem feldt nider bey Homburgk, der Buchner mehr dann hundert, vnd gewann jhnen ab mehr dann hundert vnd fünftzig gefattelter hengft. Vnd war ein offenbahrer krieg.

In differ zeit in dem vorgenanten May, ftund der Wein vnd Korn in einer gemeinen bluet, vnd das korn in diffen landen verblüete zu mahl, vnd ward in dem May railicht, vnd fchneid man reif korn zu brot in den nechften heiligen tagen zu Pfingften, zu Bopparden, Coblentz vnd anderswo an vielen enden. Das malter korn blieb an ein gülden. Vnd der Wein der beft galt vier heller, zween vnd ein heller. Der war redlich zu trincken. Das werete ein jahr.

Im felbigen May ward Herr Philips Herr zu Falckenftein gefreyet zu einem Grafen zu Falckenftein, vnd gefchach das zu Franckfurt von dem Romifchen Konig Wenceflauw, Konigen zu Beheim.

In demfelbigen jahr vnd May verbran||ten zu Erd- (121.) furt von eigenem feur mehr dann daufend heuffer, vnd gefchach von Früchten vnd von wetter gar grofer fchaden.

Im felbigen jahr im Junio vf den andern tag nach Bonifacij war ein grofer ftreit vor Cleue im Niderland. Das gefchach alfo. Der Hertzog von Berg ward feind des Grafen von der Marck vnd des Grafen von Cleue, vnd zoge in das Cleuifche land mit fünfhundert Rittern vnd Knechten. Die branden vnftete, vnd herrfcheten

---

[192]) Edelknecht

gar fehr. Da begegnete Im der vorgenante Graf von der Marck vnd von Cleue, vor der Statt zu Cleue, vnd hatten bey vierhundert Ritter vnd Knecht, vnd dazu Burger vnd Ihr landvolck, deren waren auch bey vierzehen hundert man, vnd ftritten auch gar feindlichen, vnd blieben todt bey vierhundert fo ein fo [193]) ander. Vnd die Grafen von der Marck vnd von Cleue behilten das feld, vnd fingen den Hertzogen von dem Berg, vnd einen Hertzogen von Jülch, vnd dazu einen Grafen von Seyn, vnd einen Herren von Wefterburgk. Alfo wurden gefangen Grafen, Herrn, Ritter, Knecht vnd mitreiter, bey Neunhundert gewapneter, vnd bey hundert Knaben, (122.) vnd gewonnen Im an mehr dan Sechszehenhun||dert pferd im felben ftreit. Auch ertruncken bey nahe Sechtzig knaben, die wolten die pferd dannen [194]) führen, da Sie fahen dafs jhre Herrn niderlagen, vnd das feldt verlohren hatten. Auff diffen ftreit feind nachfolgende verfs gemacht.

Vidi Montensem ducem vtiiasse Clevensem
Terram cum viris multis ad praelia diris.
Quos tunc Marchenses Cleveses dure per eses
Vincunt bellando, captando, compedicando,
Annis millenis ter centenis nonagenis
Et sex finitis septeneq; junie ritis.

Im felben jahr ward der Edle Graf von der Marck erfchoffen von feinen feinden in Weftphalen vor Luneburg [195]).

Anno 1398. kam der Romifche Konig Wenceslauw Konig zu Beheim, vnd die Churfürften vnd an-

---

[193]) als [194]) von dannen [195]) V: Limpurg

dere viel Fürſten, als Sie hiebeuor erzehlet ſeind, gen Franckfurt, wie Sie wider dahin beſcheiden waren vor einem jahr, vnd hatten vmb der heiligen Kirchen, vnd des Romiſchen Reichs vnd der gemeinen werlt willen, einen groſſen weiſen Raht vnd Consilium, vnd vberkamen eines gemeinen Landfridens.

In demſelbigen jahr, in dem Auguſt, da zog die Hertzogin von Braband vber den ‖ Hertzogen von Gellern (123.) vnd Hertzogen von Jülich, mit groſſer gewalt, vnd mit herſchaft, vnd daſs Sie hatten mehr dann viertauſend Ritter vnd Knecht, vnd mehr dann hundert tauſendt vnd Sechtzig tauſend fuſsleut, wolgezirt vnd gewapnet, vnd lagen in dem land zu Jülch einen gantzen Monat, vnd theten groſſen ſchaden den leuten vnd dem landt.

In demſelbigen jahr vorgeſchrieben in Craſtina beati Bonifacij verbrand gar ſchedlich das Münſter vnd Stift zu Fulda vngewitters halben. Das Münſter mit ſeiner zugehör war alles mit bley gedeckt, das verbrand alles mit Türnen vnd Glocken, alſo daſs der ſchad ward geachtet, mehr dann achtzig tauſend gülden.

End der Limpurgiſchen Annalium vnd Fragments.

Register *)

vber disse

Limpurgifche Chronick.

	Seite		Seite
Ablafs zu Dusseldorf	91	Baldenauw	26
Academy zu Heydelberg fundirt	70	Baldeneck	26
Academy zu Coln fundirt	76	Baldenrüffe gebauwet vom Ertzbischof Balduino zu Trier	26
Agnes, der schönen zu Strafsburg wird ein lied gemacht	23	Balduinftein	26
Aldendorf zustört	39	Balduinus Ertzbischof zu Trier ftirbt	26
Anckerbaufen wirdt gewonnen	23	Bapst und Keyfer feind einig	44
*Andernach	53	Barfüsser halten ein Capitul	92
*Angirs	53	Basel vom Erdbeben zerschüttert	32
Ardeck wird gebauwen	92	Beckelnheim verbrant	97
Arnfpurg die Grafschaft stirbt aufs	30	*Beheim, von, Könige — Johann ... 14. 26. 27.	50
— — bekriget	90	Bemund Ertzbischoff zu Trier	27
Aufruhr zu Coln ... 51.	89	*Bergk, von, Grafen	31
Aufruhr zu Wetzlar .. 48.	90	— — Herzog . 82. 95.	99
Auffetziger Münch macht schöne lieder	65	Bergk bekriget Lünenburg	95
Avinion Bäpstlicher fitz	40	— bekriget Cleve	99
***B**abenberg, von, Bischof	60	*Beyern, von, Herzoge Ruprecht 31. 37. 42. 70. 72. 78.	81
*Baden, Marggraf	98		

*) Das Register des ältesten Drucks ist durch die mit * bezeichneten Namen vervollständigt.

	Seite
Ruprecht	78. 98
Stephan, Wilhelm, Clemme, Heinrich	98
Bischof Burfsman zu Mentz ftirbt	26
*Bonn	84
Bolanden bekriget Sponheim	46
Bonifacius IX. P. P.	68
Braband befedet Jülch	50
— — Gellern	101
Brandenburg felt ans Reich	68
*Braunschweig, von, Herzoge	10. 24. 54.
Braunschweig befedet Erdfurt, Mülhaufen, Northaufen	49
*Breidenbach	95
*Buchner	99
*Burgauw	84
*Burgfchwalbach	88
*Buchseck, von	95
*Butzpach	58
Camberg wird ein ftatt	31
Carlus IV. Romischer Konig	15
*Cassel	10. 24. 74. 85
Casselische Bürger enthaupt	86
*Catzenelnbogen, von, Grafen	54. 60
Johann	11
Diether	11. 55. 88. 89. 93
Eberhard	55. 88. 98
Wilhelm	55
Johann	88. 98
Catzenelnbogen bekrigt von Grafen zu S. Paul	89
Catzenelnbogische vettern verheuraten jhre kinder zufamen	88

	Seite
Clemens VI. P. P. zu Avinion	14
— — Stirbt	26
Clemens VII.	68
*Cleve, von, Grafen	99
—. Stadt	100
*Coblentz	13. 94. 97
Coblentz nimet schaden von Feur	97
Coblentzer nidergeworffen	13
*Coeln, von, Erzbischöfe Friedrich	57. 61. 69. 80. 83. 89. 97
— Stadt	51. 52. 56. 89. 93
— Stift	32. 57
— Universitaet	76
Colnischer Raht wird vneins	93
Bischof zu Coln bekrigt den Grafen von der Marck	83
*Cronberg, von	78. 96
— Stadt	79
Cuno, Herr zu Falckenftein wird Ertzbischof zu Trier	41
Cunen Herrn zu Falkenftein geftalt	38
*Cunoftein	53
Dengeler Gefelfchaft befehden den Bischof zu Padelborn	82
Dennmarck bekrigt Schweden	82
Dentzer ein ftraf Gottes	56
*Dern, von Friedrich	45
Craft	45
— Burg	45
Von Dern Friderich, erfticht ein Grafen von Dietz, wird enthaupt	45
Deffenberger Edele	83

	Seite
*Deutsch (Deutz)	89
Dieb fpringt zu Limpurg von der Stattmauer mit dem Burgermeister ...	50
*Dietz, von, Grafen ...	13
Gerhard . 13. 30. 45.	75
Dessen Tochter ...	75
Johann .... 13.	45
— Brücke	56
Dietz, die Grafschaft ftirbt aufs an Nassauw	75
Dillenberg Nassauw, von Mentz Nassauw bekrigt..	40
*Dinwerde	10
Dürck felt in Vngarn ...	96
*Düffeldorf	91
*Dune, von	25

Eberstein in Sachssen bekrigt 9
Ehe eines vatters mit drey föhnen, an ein Wittwe mit drey töchter 73
Ernberg, von 97
Eisern Landgrafs Heinrichs zu Hessen geneſis ... 9
*Eickerhausen, von ... 59
Eckart ⎫
Henrich ⎬ 93.
Conrad ⎭
— Burg 74. 93
Eickershaufen zuftort . 93
— — Befedet ... 59
*Ellar 59
*Engers 53
*Engelland, von, koenige 26. 28
Engelland bekrigt Franckreich 29
*Epstein, von 54. 60
Erdbeben 32. 92

	Seite
*Erdfurt .... 49. 60.	61
Erdfurt verbrant	99
*Falckenstein, von Cuno .... 36. 41.	81
Philipp...,..	59
Werner .... 60.	81
Philipp	99
— Burg	23
Falckenftein gebauwet .	23
— — bekriget ...	90
Falckenfteiner Herrn werden gegräfet	99
Falckenberger Edelen ..	83
Falscher Weihebischof wird ertapt	75
Feitz Dentzer	56
Feuwers not . 82. 86. 97.	99
— —	101
Feuwer mit kunst geworffen im krieg	49
Fischerey beraubet ...	83
Flut von Wasser	94
vide Wassersnoth.	
*Fossenhelte (Wald) ..	28
*Franckfurt 69. 70. 71. 78. 88.	97
Franckfurt wird von den brimmenden Löwen bekriget	70
Franckfurter von den Cronbergern gefchlagen .	78
Franckfurter füllerey ..	34
*Franckreich, von, Könige 80.	98
Johann	29
Franckreich befedet Jülich vnd Gellern	80
*Freydank, Arzt	15
*Friedberg ..... 58.	59
Fridbergern wird ihr Vihe genommen	58
Friderich von Hatzftein Ritter wird ermordt; seine ftercke	41

	Seite
Fridrich von Dern Freyherr wird enthaupt	45
Fritzlar	24
Fulda, von, Abt	36
Stift	101
Fulda wird von Heffen bekrigt	36
— Münfter dafelbft verbrand	101
*Geldern, von, Herzoge. 50. 80. 96.	101
Von Gellern die Blum erschoffen	51
Gerlach Graf zu Limpurg ftirbt . . . . 27.	43
Gerlach Graf von Naffauw B. zu Mentz	26
Gefelschaft der Löwen	70
Sterner	54
Horner	70
Wolckener	81
aus Welfchland	42
Geyfeler fect.	16
Grafeneck gebauwet	93
Gregorius XI. P. P. erwehlet	50
— — Stirbt	68
Greiffenftein gebauwet	73
*Grenfauw, Burg . 13. 36.	58
Grethenftein gebauwet vnd wider zuftört	37
*Grevenhausen	74
Grünberg verbrandt	82
Gudenfperg verbrandt	75
Gunther Graf von Schwartzenberg Romischem Konig wird vergeben	15
Haar wird kurtz abgefchnitten	
Hadamar belagert	55

	Seite
Hanpfer gefchlagen	95
Hanftein belagert	49
Hafeloch zuftort	27
*Hatzfeld, von . . 21. 33.	95
Hatzfelder von Limpurgern bekriget	21
*Hatzstein, von, Friedrich	41
Hatzftein belagert . . 69.	73
Hatzftein erobert	87
Heilge geleut gefetzt	68
*Heinsberg s. Hinsperg	
Helderfen belagert vnd zuftört	24
*Helfenstein, von	54
*Henneberg, von	30
Herman Landgraf zu Heffen bekriget	74
Hertingshauffen Edele	83
*Hessen, von, Landgrafen	
Heinrich d. Eiserne 9. 10 11. 21. 30. 44. 54. 60	
Otto . . . . . 10.	36
Ludwig . . . . -10.	11
Hermann 10. 30. 54. 71. 74. 74. 83. 85. 98.	99
Heffen bekriget Sachfen	9
— — die Buchner	99
— — Mentz	24
Heufchrecken ohngewohnlicher meng und gröfe	41
Heydelberger Academy fundirt	70
Hinfperg bekrigt Jülch	87
*Hirtzberg	54
Höchft erftigen	96
Hollenfels gebauwt	28
*Holstein	84
*Homburgk	99
*Honstein s. Hanstein	
Horner gefelschaft	69
*Hund, von	23

7*

	Seite
Hunesburg zuſtört	94

Icker, von 30
— — Burg 30
Innocentius IX. P. P. . . . 22
    Stirbt 39
Johann Graf zu Catzeneln-
  bogen 11
Johanns Graf von Iſenburg
  ſchneller tod . . 91
*Isenburg, von, Grafen 11. 54. 58
    Philipp 36. 37
    Grethe 37
    Velten 53
    Johann 91
Jubiljahr wird gehalten 20. 69
Juden werden erſchlagen . 20
Juden zu Prag erſchlagen . 76
Juden fallen in des Keyſers
  vngnad, verlieren wucher
  vnd hauptſummen . . . 85
*Jülich, von, Herzoge 80. 87. 100
                                        101
  — — Wilhelm 50

***K**aiser Adolf . . . 26. 55
      Ludwig . . . 10. 14
      Günther 15
      Carl 15. 27. 35. 44. 50. 58
            61. 67. 96
      Wenceslaus 35. 50. 61. 67
        85. 86. 88. 95. 97. 99. 100
      Sigmund 68. 96
Kaufleut beraubet 53
*Kauwenburg 72
Ketzerey zu Mentz wird
  offenbahr 79. 80
Keyſer vnd Bapst einig . . 44
Kind mit zweyen Ober-Corpern
  geboren 77

Kind mit vier Armen vnd
  füſen vnd einer Münchs
  platten 70
Kind geboren so obenhin
  ein krotte 91
Kirchberg zerſtort . . . 30
Kleidung mancherley en-
  derung 22. 25. 40. 53. 71. 77.
Zwen Romische Konig ge-
  wehlet 14
*Koenigstein 59
Krigs manir 21
Kungund Frauw zu Lim-
  purg ſtirbt 28

Lamparter fallen ins Reich,
  werden vertrieben . . . 66
Landfriden gemacht . . 101
*Langenauw, von, Daniel . 28
  — — Burg . . . 33. 72
Langenauw zerſtort . . 33
Lendener ein gürtels art . 53
*Liebenauw 82
Lieder vnd Musica 14. 17. 19. 32
  33. 34. 35. 36. 39. 41. 44. 46. 57
  58. 66. 69. 71
*Limburg, von, Gerlach 11. 27
    Kunigund 11. 27
    Gerlach 28. 43
    Elsge 43
    Johann,
    Rudolf, Otto,
    Hermann, Ida, Kungund
    Else 28
Limpurger Herrn geneſis . 11
Limpurger werden niderge-
  worfen 34. 43
— befeden die Elckerſhäuſer 59
— befehdet von Dietz 13
— Zihen wider die Wahlen 43

	Seite		Seite
Limpurg brend aufs	12	Mentz wehlet zwen Bischoff	98
— — wird verpfend	13	Mentzer Thum verbrent	
Limpurg von wasser beschedigt	13. 62. 114. 114̶797̶	vom Wetter	46
		Mentzer geschlagen von Pfaltz	78
Limpurg steht in flore	12	*Merenberg, von	34
Limpurger Schöffen Namen	65	— — Burg	34
— — — lob	37	Metz von Lampartern befedet	66
— — — in gefahr	46	Meylandische Herrn werden	
— — — Weistumb	62	zu Hertzogen gemacht	11̶4̶95
Lintz gewonnen	44. 109X	— bekriget	44
Lisberg von Hessen bekrigt	54	*Milchling	95
Lohne die Grafschaft stirbt aufs	31	Milfingen erobert	75
Ludwig IV. Romischer Keyser	10	Mifsgeburt	70. 77
		*Moers, von, Friedrich	87
		*Molsperg, von, Herren	58
Mahler der kunstreichst in Teutschland	70	Georg	47
		*Mühlhausen	49
*Mainz, von, Erzbischöfe		Münster zu Fulda verbrandt	101
Henrich	24. 26	*Münster, von, Bischof	84
Gerlach	26. 30. 40. 42	Munkeller erobert	26
Johann	51	Musica wird gebessert	36
Adolf	60. 74		
Conrad	96		
Johann	97	***N**assau, von, Grafen	
Sigfried	97	Johann zu Merenberg	28.
— Erzstift	58		29. 46
— Stadt	46. 69. 71. 78. 79	Johanna	29
Malspurg die Grafschaft kompt an Trier	47. Wapen 47	Craft	29
		Gerlach	26. 30
*Marck, von der, Grafen	99. 100	Philipp	30. 96. 98
Engelbrecht	83	Ruprecht	51. 55. 73. 75
Marckischer Graf erschossen	100	Adolf	60
*Mariae Heimsuchung	69	Walrabe	89
Mastricher geschlagen	104̶87	Johann	97
Meerwigk gewonnen	69	Agnes	11
*Meissen, von, Markgrafen	9. 24. 74	Joh. zu Hadamar	21
		Joh. zu Dillenburg	40. 47
Ludwig	60		51. 54. 60. 73. 75. 98
Friedrich, Georg	98	Henrich	44
Mentz bekriget Nassauw	40	Adolf	75. 92. 98.

	Seite
Henrich	98
Naffauw bekriget Wefterburgk	47
*Nidernberg	81
*Niederbrechen	46. 91
Niderlender beraubt	53
Niderftein erobert	75
*Northausen	49
*Nürnberg, von, Burggraf	98
— — Stadt	35
Oberwefel belägert	81
*Ossenbrück, von, Bischof	84
*Osterreich, von, Herzog	67. 75
Lupold	98
***P**apst Clemens VI.	14. 26
Innocent. VI.	26. 39
Urban V.	40. 44. 50
Gregor XI.	50. 60. 68
Urban VI.	63
Clemens	68. 92
Bonifacius IX.	69. 91. 92
*Paderborn, von, Bischöfe	82. 83
— — Stift	70
Padelborner Bischof	82
— — Stirbt	83
Palmenftein gebauwet	89
Parsberger Edele oder Pattenberger	83
Sanct Paul, Graf erschlagen	51
Pfaltzgrafen Ruprechts lob	31
Philipfenstein gebauwet	81
Phyfionomy Herrn Cunen Ertzbifchof zu Trier	38
Herrn Johannis zu Limpurg	43
Phyfionomy des Freyen von Dern	45
eines falfchen Weihebifchofs	75
*Prag	27. 35. 76

	Seite
*Preifse (der Früchte und des Weines)	33. 41. 44. 66. 76. 81 86. 91. 99
Pyritoneus der gelertefte Philofophus feiner zeit	48
***R**avenspurg, von, Grafen	9
Ida	11
Rauenfpurg die Grafschaft ftirbt aufs	32
Reichstag zu Franckfurt	97. 101
— — zu Nürnberg	35
*Reiffenberg, von,	41. 59
— — Burg	59
Reiffenberg bekriget Falckenftein	59
— feind der Limpurger Feind	41
*Rittergesellschaften von dem Stern	54
von dem Horn	70
vom brimmenden Löwen	70
die Wolckener	71
die Dengeler	82
Rodenburg erobert	75
*Runckel, von, Henrich	37
Friedrich	51
Diether	58. 62
Ryneck erfticht einen von Süntzing	57
Saarbruck ftirbt an Naffauw	81
*Sachsen, von, Herzoge Albert	9
*Sarwerden, von, Grafen Friedrich	57
Hildegard	74
*Sayn, von, Grafen	100
Johann	62
Schadeck erobert	27
*Schiltauw	96
Schnebelichte ftifel	40

	Seite		Seite
*Schonberg	58	Steueburg gebauwet	93
Schonforst erobert	96	*Strafsburg	67
Grofer Schne	87	— — belagert	42. 86
*Schwarzenburgk, von, Grafen	60. 82	Süntzing, von	57
Günther, Henrich, Johann	98	Sunnenberg gebauwet	74
Schwebifche bund gefchlagen	79		
*Schweden, von, König	82	*Tanzen	56
*Schweitzer	67. 76	Teurung	44. 33. 86
Singkunft gebeffert	86	Todschläger erofnen sich im Dantzen	56
*Solms, von, Grafen Johann	48. 58	*Trier, von, Erzbischöfe Balduin	13. 26. 27
Otto	98	Bemund	27. 32. 33
Solms Graf Johan anfchlegig	48. 49	Cuno 36. 37. 38. 39. 41. 42 46. 53. 58. 61. 67. 69. 73	
Burck Solms zuftort	73	Werner	81. 84. 90. 98
Sommer gar zu heifs	66	Trier bekriget Arnburg	90
Sonnenberg erobert	48	Trier hilft den König zu Beheim erhalten beym Konigreich	27
*Spangenberg	10		
*Speier, von, Bischöfe	82. 98		
Adolf	60. 67		
Speierischer Bifchof erwehlet	82	*Uhr	90
*Spiegel von Defenberg	83	Vngarn felt ans Reich	68
Conrad	81	Vngewitter, vide Wetter	
Spigel von Deffenberg ermord ein Grafen von Schwartzenberg	81	Vrbanus V. P. P.	40
		Stirbt	50
*Sponheim, von, Grafen	10	Vrbanus VI.	68
Walrabe	46	Vilmar vom Reich bekriget	34
Simon	98	gewonnen	27
Sprendlingen bey Lingen	46	*Virnberg, von	24. 25
*Staffel, von, Diederich	72		
Heinrich	73	Wafen vnd rüftung, vide Kleidung	21. 22. 25. 40
*Stein, vom	72	Wahlen fallen ins Elfas, werden gejagt	42
Sterbend feuch	16. 32. 43. 73. 93		
Sterner Gefelschaft	54	*Waldeck, von, Grafen	60
werden gefchlagen	54. 55	Otto	30
Stett bund gemacht	71	Walrabenftein gebauwet	89
Zutrent	79	*Waltpode, Diederich	62
*Steue, von der	94		

	Seite
Wartpurger werden nider-geworfen	39
Waffer gar ertrucknet	87
Waffersnoth	13. 55
Wedelberg	71
*Weihbischof, ein Betrüger	75
Wein an ftöcken erfroren vnd gar ‚faur	86
— gar teur	33
*Weinfperg, von	72
Conrad	96
Wenceslaus Romischer Konig geboren	35
Wenceslaus Romischer Konig gewehlet	67
*Wertheim, von, Grafen	11
Wefel belägert	81
*Wefterburg, von	58. 89. 95. 100
Reinhard	14. 31
Johann	47
Reinhard	62
Wefterburger fengt Naffauw	47
Wefterburg macht lieder	14
Wetter	9. 33. 46. 55. 66. 86. 92. 97. 99

	Seite
*Wetzlar	48. 90
Widergefang gemacht	36
*Wied, von, Grafen	51. 53
*Wilchenhausen	90
*Wildenburg, von	75
*Wilhelm, ein Maler	70
*Wilnah	68
Wind	9. 97
Winfperg s. Weinfperg	
*Wirtenberg, von, Grafen	70
Wirtzburg vom Keyfer bekriget	35
*Wifsbaden	82
Wolckener Gefelschaft	71
Wolfeile zeit	20. 76. 81. 87. 91. 99
Wolfen von Hartenberg Edle	83
*Würzburgk, von, Bischöfe	35. 98
*Wyxelfort	95
*Ziegenberg	10
*Ziegenhan, von, Grafen	54. 60
Zigenhan gewonnen	95
Zwytracht zu Coln im Raht	89. 93

Zur worterklärung der chronik.

Abkürzungen:

ahd. = althochdeutsch; mhd. = mittelhochdeutsch; nhd. = neuhochdeutsch; frz. = französisch; pl. = plural; m. = masculinum; f. = femininum; n. = neutrum; prt. = praeteritum.

Alhen, pl. von ahle, m. = enger schmaler gang zwischen zwei häusern; ein winkel.
anchen = ahnen, grofsältern.
anleit aus an und leite, f. = leitung, fahrt, zug.
Baiten, mhd. beiten = warten, abwarten.
bangarten aus bôn, (boun = boum) u. garten = baumgarten.
bedauchen = bedunken; mich bedunket = mich dünkt.
bede mhd. bëte f. = das erbetene, die abgabe, steuer.
bekümmern, mhd. bekümbern, = festnehmen, mit arrest belegen.
beraten prt. beriet = mit etwas verfehen.
befcheidenlich, mit bescheidenheite d. h. fo dafs man etwas genau angeben kann; ordentlich, passend.
befoenen = befünen = ausfoehnen.
blicken = blinken, schimmern, blitzen.
bocklein, aus buckel m. = erhabene zierrat aus metall; erzbefchlag.
brechen = hervorbrechen, einen angriff machen.
brimmen = brummen.
bund, bunt n. = feines pelzwerk.
burfemann (von bûrften = trinken) = trinker, zecher.
Cleinspalt = klein-fpalt = eine befonders kostbare art bunten rauchwerks; hermelin.
clemm, f. klemm.

Dauchen s. bedauchen.

dingen, = einen vertrag machen, gerichtlich belangen.

diffelfet v. diffel, diftel = neffeltuch.

dringen = drängen, drücken.

drüfen mhd. druose, f. = drüse.

dupfeng (vielleicht von dupfen d. h. mit der nadel ſticken) = dupfing = ein aus beweglichen metallplatten zuſammengesetzter, reich verzierter, hängender gürtel.

Enckel, mhd. enkel, m. = fufsknöchel.

entfchupfen von fchupfen, = mit einem kurzen schwung aus dem gleichgewicht bringen, in bewegung setzen.

erferth, mhd. ervaeren = aufser faffung bringen,

efchtag (von mhd. esche f. = asche) = afchermittwoch.

Fahrenfchůler, mhd. varnder fchuolaere = müfzig umherziehender ſtudent, künſtler, mufiker.

fern, mhd. verre adv. = fern, weit.

fertel = vortel, vor-teil = das beſte ſtück; was man vor einem andern voraus hat.

flihen niederd. fleitze = kleine pfeife (aus rohr, holz, gänfeknochen) für kinder.

flützern, flitzern, niederd. flitzen, flitjen = putzen (nhd. flitter).

freyffen = vreisen = verfuchen, prüfen.

Gadern, zu gadern kommen = handgemein werden.

gebeiffes, mhd. gebluze n. = getoese.

gedeiten, mhd. geteidinge = verhandle vor gericht, treffe eine gütliche übereinkunft.

gehlingen von gach, nhd. jaeh = eilig, hastig.

gelüt, mhd. geliute, n. = geläut.

gereid, mhd. gereht = bereit, recht.

geren, m. = der durch schmale streifen gebildete, gefältelte, den unterleib umgebende theil der kleidung.

gefcherpt, mhd. fcharpf, fcherpfe, adj. = rauh, fcharf.

gefpenfe = gefpunst, das gesponnene, gefpinnft.

gefüster, v. niederd. süſter (engl. sifter) = gefwester, geschwister

gewerb, n. = gewinde, gelenk.

gezauwen mhd. gezöuwe, = geraeth, wagen.

gleffe, vgl. lefze f. = lippe.

glene, mhd. gleven f. = lanze.
globen mhd. klobe m. = gefpaltener stock, kloben.
gogel, gugele, kogel f. = kappe oder kapuze an einem rock oder mantel, die über den kopf gezogen werden kann.

Heifchen prt. hiesch = von einem etwas fordern.
hober, frnz. haubert = panzer.
hoicken (houcken,) = ein von maennern wie frauen getragenes, glockenförmig über den kopf gezogenes kleidungsftück, ein mittelding zwischen oberrock und mantel.

Katze f. = eine art boll- oder schirmwerk, auch eine art wurfgeschütz.
kaufen mhd. koufen = erwerben; zu der ehe kaufen = heiraten.
klemm, klamm, = eng, knapp, beschwerlich.
knauf mhd. knouf, n. = knopf.
kommer, mhd. kumber, roman. combre = laft, ladung; daher auch bildlich = bedrängniss, mühe und noth, fchuldbewufstsein.
krappen = krabben, ein besatz der langen, weiten beinkleider.
kroll (aus gerolle) = krülle, f. = gekräuseltes haar, haarlocke.
krot, m. = ftreit.

Lais, leys = volksgesang des kyrie eleison, überhaupt geistliche lieder in der muttersprache.
laub, mhd. loube, f. = erlaubnifs.
ledersen s. lerfe.
leibzucht, was man für die erhaltung des leibes (lebens) bezieht; insbes. wittwengeld.
lendener (lendenaere) = gürtel.
lerfe (= lederse, von leder) = lederhose.
lipeisen, (von lippe) = ein theil der rüstung, das den mund deckende ftück des harnifches.
lützel, adj. = klein, wenig.

Mainirung, manirung (v. roman. manier = handhaben) = haltung, aufführung, art u. weife.
mahnen = mannen d. h. mit mannschaft zum fchutz ausrüften.
marck f. = mark, als münzgewicht = ein pfundt = 16 lot silber.
marckfelle, markfell, wol v. niederd. fellen = hingeben, verkaufen, alfo: gäng u. gebe, cursirend.

Mayn leut, wol v. niederd. mein adj. (= gemein) == gemeine leute.
mehrgare m., (erweiterung des mhd. meraere) == mehrer.
mercker, märker == der das grundeigenthum in der gemarkung amtlich ausmifst und absteint, ein landmeffer, feldgerichts-schoeffe.
minniglich mhd. minneclich adj. == lieblich, liebevoll.
moege f. == kraft, ansehen.
mützern == abfchneiden, zuftutzen, putzen.
mufeifen mhd. müffen, müsenier, n. == panzerftück, eiserne bekleidung der armmuskeln.
Mynner == minoriten, mindere brüder, ein bettelorden.

Name mhd. nâme f. == gewalttbaetiges nehmen, beute, raub.

Oesen, veroefen == leer machen, plündern, verheren.

Pfundt n, == ein gewisses geldmaas, etwa 2 mark.
plasirung, von blaſieren == blafonnieren == ausfchmücken, ausmalen (der wappen).
ponte, franz. bonde, bondon == zapfen, spund.
ponytz mhd. punetz == anrennen mit eingelegtem speer, gestech.
preifgen, == preislein, preischen n., von preis, m. == einfafsung, saum am ärmel.

Railicht == reiflicht, reif.
ran adj. == mager, sehr schmächtig.
Ratzman von raeze (ahd. razi) adj. == fchneidend, ätzend, zufammenziehend.

Sam (soum) m. == genäheter, umgeschlagener rand, saum.
fchaupe == schoube, (joppe) == längerer rock, oberrock.
fchauwern, im dialect des Westerwalds u. der Lahngegend == schaubern, schubbern, hollaend. fchouwen == scheuen, sich weigern.
fchecken == scheckenrock, jacke, kurzes enganschliefsendes röcklein.
fchilling, mhd. schillinc, m. == klingende münze; der silberne kurze fchill. hat 12, der lange 30 pfenninge; von jenen gehen 20, von diefen 8 auf das pfund.

1 Limburger ſchilling war = 24 Frankfurt. heller.
1　　„　　pfennig　　= 2 Frankf. heller.
12　„　pfennig　　= 1 ſchilling.

ſchimpſ m. = was zum zeitvertreib dient; ritterlicher schimpſ = kampf zur kurzweil.

ſchindleder, wohl verderbt aus ſchindaere, m. = ſtraſsenräuber.

ſchoppe s. schaupe.

ſchoſs, frz. chausses = der theil der rüſtung, der die hüften deckt.

ſchupe, ſchuppen, ſchoppen = niedriger anbau, hütte; in Limburg eine ortsbenennung.

ſigeloſs, mhd. sige-los, = des ſiegs verluſtig, aufser ſtand ſich zu vertheidigen.

ſigling (sicheline, m., soviel man mit der sichel auf einmal abschneidet, garbe) = ſichel.

ſonder, als adj. = besonder; als praep. = ohne.

ſpeiſen, = mit lebensmitteln u. anderen vorräthen verſehen.

ſpeit (gespehte n., spaht, m.) = lärmen, geschrei.

ſpicken = erſpähen, erblicken.

Sporkell (ſpurckel) m. = der 16. tag des februars, weshalb dieser selbst mhd. sporkelmanot (ſpurkel) heiſst.

ſtade, pl. ſtaden = geſtade; über rechten ſtaden = über d. eigentliche ufer.

ſtaufe, (stauchsen) = muff, hängeärmel.

ſtechban, = platz, wo das geſtech (turnier) gehalten wird.

ſtraube = strouben = ſtruppiges haar.

ſyreck = ſirec, n. = mittellat. siricum, syricum = feiner baumwollstoff aus Syrien.

Tappert, m. von tapfart, = ein langes bis zu den füſsen herabfallendes obergewand.

tarsch f. = tartsche, ein halbrunder ſchild, armſchild.

tasten, = fühlend berühren, forschen.

torm torme, turme = tormentum (tornamentum) = turnier.

torois, mhd. tortsche, frnz. torche, = fackel.

turnes = turnos (turnei) d. h. münze von Tours, = 3 heller, deren 12 einen ſchilling ausmachen.

Uſſatze mhd. uſsaz m. = beſtimmung, vorsatz.

V̇ergeben = einem etwas beibringen, das ihm das leben benimmt.

verhauen = ausgeschnitten, gezackt.

verhauffen (verhäufen) = sich fcharen, versammeln.

verheften = festnehmen, sich verpflichten.

verhergen (verherjen, verbern) = verwüsten, einem etw. entziehen.

verleschung, (von verlefchen = trübe werden) = verdunkelung, auslöfchung.

verliefen = einen verlust erleiden, verlieren.

vierfchützig (schiuzic = schäwzig) = scheu, entsetzen erregend.

Wahl = wal, walh = ein wälscher, d. h. Italiener, Franzose.

waidlich mhd. weide-lich = jägermäfsig, stattlich, rüftig.

weinglocke = feierabendglocke.

weifen, mhd. weizen = überweifen, beweisen.

weifs mhd. wise = kundig, fachkundig.

werwort mhd. weri wort n. = entfchuldigung, vertheidigende ausrede.

würtz = würze, pl. (von wurz = kraut) wolriechende kräuter, räucherwerk.

wygand mhd. wigant, m. = der kampfgeübte mann, kriegsheld.

Zatteln von mhd. zâte (zote) = zotte, büschel: lange zacken oder lappen, in welche die ränder der kleider zerschnitten waren.

zendel mhd. fendel = halbfeidenzeug, ein florartiger feidenftoff.

Erläuterung der Tafeln.

Die Geschichte einer nassauischen Stadt, die durch die Chronik ihres Stadtschreibers Johannes in der deutschen Litteratur einen so geachteten Namen empfangen, schien einer besonderen bildlichen Illustration, mit Bezug auf eben diese Chronik, nicht unwerth. Wir wählen dazu die Wappen derjenigen Behörden und Personen, die zu jener Zeit, d. h. im Verlauf des 14. Jahrh. in der Ortsgeschichte von Limburg am meisten hervortreten und deren unser Chronikschreiber daher mehrfach gedenkt. Sämmtliche den Holzschnitten beigefügte Jahreszahlen sind von Original-Urkunden des Herzoglichen Landes-Archivs entnommen; sämmtliche Siegelzeichnungen, aus der xylograph. Anstalt von W. Pfnor in Darmstadt, sind in der Grösse des Originals dargestellt.

Taf. I. Die Siegel der Stadtgemeinde. 1. Das älteste Stadtsiegel, aus der 1. Hälfte des 13. Jahrh., stellt einen dreithürmigen Thorbau vor mit der Umschrift: ☦ Sigillum Civium In Limpurch Juste Judicate. Der Zusatz der letzten Worte „Richtet recht" ist ein Appell an die Unparteilichkeit des christlichen Richters; ein Jahrh. später hat Kaiser Ludwig IV. (seit 1328 auf dem Rücksiegel seines grösseren Majestäts-Siegels) als Umschrift des Reichsadlers denselben Spruch etwas vollständiger aufgenommen mit den Worten: Juste Judicate Filii Hominum, nach den entsprechenden Worten des Psalm 58, 2. — Der an dem Hauptthurm angebrachte Schild mit dem doppelten Querbalken enthält das Wappen des Hauses Isenburg, welches mit Gerlach III. († 1289) die Linie der Herrn von Limburg begründete, ein Vorgang, der seit 1247 urkundlich erweisbar ist. Da der Zeitpunkt und nähere Anlass dieser Begründung einer mit diesem Gerlach III. von Isenburg als Gerlach I. beginnenden und von Limburg benannten Dynastie urkundlich noch nicht ganz aufgeklärt ist, so können sphragistische Beobachtungen hier einen erwünschten Beitrag liefern.

Wir bemerken dies mit Bezug auf Nro. 2, das kleinere, spätere Stadtsiegel, *) das in jedem Betracht als eine im Styl des 14. Jahrh. ausgeführte verkleinerte Copie des älteren Stadtsiegels sich darstellt. Noch im Jahr 1337 kommt es als Rücksiegel des grossen Stadtsiegels vor, während es auch schon vor dieser Zeit (mindestens seit 1313) sowie späterhin selbständig gebraucht wird und nach und nach ganz an die Stelle des älteren Siegels getreten zu sein scheint. Sein Wappenschild ist aber nicht mehr der Isenburger, sondern der echte Limburger Schild mit dem geschachten Querbalken und den reihenweise geordneten Steinen darüber und darunter. Eine genaue Ausmittelung des Zeitpunktes, wo das Stadtgericht zu Limburg zum erstenmale den alten Isenburger Wappenschild mit einem anderen vertauscht, (was wir bei nur vorübergehender Beschäftigung mit Limburger Archivalien bis jetzt nur beiläufig zu bestimmen vermochten), dürfte für jene

---

*) Der noch gegenwärtig auf dem Rathhaus zu Limburg aufbewahrte silberne Stempel ist ein späterer Nachstich unseres Siegels, mit einigen kleinen Abweichungen im Ornamentalen, wahrscheinlich aus dem 16. Jahrhundert.

historische Untersuchung einen erheblichen Anhaltspunkt gewinnen lassen.

Taf. II. Schöffen von Limburg. Unter den in der Chronik namentlich aufgeführten Mitgliedern des Stadtgerichts zu Limburg haben wir sphragistisch bis jetzt erst diejenigen kennen gelernt, deren Siegel die vorliegende Tafel vereinigt. Verdienter Maßen stehen voran: 1) der im Kampfe gegen die Merenberger gefallene Schultheis Hartung, von dem die Chronik S. 34. rühmt: *„und achtet man denselben Hartung vor den allerbesten Layen in allen dissen landen."* Die Umschrift seines Siegels ist: S. Hardung sculcetus in Lunburg. — 2) Der ebenso unerschrockene Vertheidiger des Rechts als tapfere Vorkämpfer der Limburger Wehrmannschaft im Felde, Bürgermeister Henne Boppe, von dem die Chronik S. 38, 43 und 62 ein so glänzendes Bild entwirft. Das Wappen ist ein sprechendes: die Puppe; seine Umschrift lautet: S. Johannis dicti Bopbe. 3) Cunemann Mulich. Die Chronik kennt zwar nur einen Johann Mülich (1374); ein solcher Vorname ist uns bei dieser Familie jedoch urkundlich bis jetzt nirgends begegnet, während unser Cunemann 1323, ein Otto Mulich 1339 und ein Cunich Mulich 1352 als Scheffen vorkommen. Die gekreuzten Schwerter bilden bei Allen das Familienwappen. — 4) Johann v. Nüheim, in Urkunden ungemein häufig genannt. In der Umschrift seines Siegel ist Nuhiem statt Nuheim ein Versehen des Stechers. Die Chronik gedenkt seiner S. 61 — 5. Heinrich Wifse. Eine interessante sphragistische Bestätigung der Herkunft des altadeligen Frankfurter Geschlechts der Wyfs (Wifse, Weifse) aus Limburg. Unser Schöffe Heinrich, der 35 Jahre hinter einander (1345—1380) als Beisitzer des Limburger Stadtgerichts urkundlich nachgewiesen werden kann, ist auch im Vornamen übereinstimmend mit jenem Henr. Weifs von Limburg, der (Lersner Frankf. Chronik II. p. 167) mit einer Hylla von Limburg vermählt 1306 vorkommt und 125 Jahre alt geworden sein soll. Aehnliche Verbindungen des altadeligen Hauses Lympurg zu Frankfurt mit den alten Familien aus unserer Stadt Limburg, insbesondere auch hinsichtlich der von Holtzhausen, würde die Special-Ortsgeschichte mehrfach nachweisen können, wenn deren urkundliche Durchforschung aus nassauischen und Frankfurter Archivalien einmal statt haben sollte. — 6) Johann Sibolt, den die Chronik S. 65 Sebolt mit dem Zusatz „der Alt" benennt, mit einem kleinen Thorbau im Wappen, der dem Stadtsiegel nachgeahmt scheint, ist uns bis jetzt nur in einer Urkunde (1374) vorgekommen. Die Umschrift seines Siegels, in deutscher Sprache, lautet: Johan Sibol scepe i(n) Li(m)p(urg).

Taf. III. Dynasten von Limburg. Wir haben hier die Wappen derjenigen Dynasten von Limburg zusammengestellt, welche zur Zeit der Abfassung unserer Chronik lebten und deren daher häufige Erwähnung geschieht. Es sind die Nachkommen des im Jahr 1312 verstorbenen Johann I. von Limburg, des „blinden Herrn", nämlich: 1) dessen Sohn und Nachfolger Gerlach II. † 1354. 2) Dessen und seiner Gemahlin Kunigunde von Werthheim erstgeborner Sohn Gerlach und zwar als Jungherr; daher die Umschrift: S. Domicelli Gerlaci de Limpurg — 3) Derselbe nach seines Vaters Ableben, als Herr von Limburg Gerlach III. zubenannt († 1365). — 4) Sein jüngerer Bruder Johann II. mit dem 1406 der Mannsstamm des Geschlechtes erlosch. Im ersten Worte der Umschrift ist Segilum für sigillum ein Versehen des Stempelschneiders, der dabei vielleicht das „Secretum" in Gerlachs III. Siegelumschrift vor Augen oder im Sinne hatte.

Taf. II.

Scheffen in Limburg.

Hartung
1.

1343. 1355.

Johann Boppe.
2.

1332. 1370.

Cunemann Mulich.
3.

1339. 1352.

Johann von Nuheim.
4.

1355. 1383.

Heinrich Wisse.
5.

1345. 1380.

Johann Sebolt.
6.

1374.

Taf. III.

Dynasten von Limburg.

Gerlach II.
1.

1318.   1341.

Gerlach, Erstgeborner.
2.

1341.

Gerlach III.   Johann II.
3.   4.

Im Text der Chronik wolle man nachstehende leichte Druckversehen berichtigen:

S. 9	Z. 10	v. O.	statt feld	lies:	Feld.
„ 10	„ 3	v. O.	„ dass	„	dafs.
„ 10	„ 9	v. O.	„ Schloss	„	Schlofs.
„ 14	„ 1	v. U.	„ Ein	„	Eine.
„ 15	„ 7	v. U.	„ 30	„	30.
„ 16	„ 9	v. O.	„ teglich,	„	teglich
„ 18	„ 14	v. O.	„ einen	„	einem.
„ 20	„ 4	v. U.	„ laden	„	Laden.
„ 32	„ 5	v. O.	„ lidgen	„	Lidgen.
„ 33	„ 13	v. O.	„ bergk	„	Bergk.
„ 33	„ 3	v. U.	„ lied	„	Lied.
„ 34	„ 10	v. O.	„ fchulteifs	„	Schulteifs.
„ 34	„ 11	v. O.	„ fchöff	„	Schöff.
„ 34	„ 12	v. O.	„ layen	„	Layen.
„ 36	„ 9	v. U.	„ hnndert	„	hundert.
„ 37	„ 6	v. O.	„ bei	„	bey.
„ 37	„ 12	v. U.	„ uberhaupt	„	uberhaubt.
„ 37	„ 10	v. U.	„ hauptmann	„	hauptman.
„ 38	„ 16	v. O.	„ das	„	des
„ 38	„ 7	v. U.	„ Amptmann	„	Amptman.
„ 40	„ 5	v. O.	„ fieben	„	Sieben.
„ 40	„ 14	v. O.	„ glenen	„	glenen,
„ 42	„ 7	v. U.	„ einen	„	einer.
„ 44	„ 2	v. O.	„ Dillenberg	„	Dillenberg.
„ 44	„ 6	v. O.	„ vorgenannt	„	vorgenant.
„ 44	„ 14	v. U.	„ Anno	„	An.
„ 44	„ 11	v. U.	„ von	„	zu.
„ 45	„ 3	v. O.	„ Anno	„	An.
„ 46	„ 10	v. U.	„ hernmb	„	herumb.
„ 49	„ 1	v. O.	„ das	„	des.
„ 49	„ 6	v. U.	„ Heer und	„	Heer, und
„ 51	„ 9	v. U.	„ bruder	„	Bruder.
„ 54	„ 1	v. O.	„ Anno	„	An.
„ 61	„ 8	v. O.	„ un	„	und.
„ 66	„ 12	v. O.	„ Untreuw	„	untreuw.
„ 66	„ 5	v. U.	„ vom	„	von.
„ 70	„ 9	v. O.	„ bei	„	bey.
„ 71	„ 9	v. O.	„ une	„	Und.
„ 71	„ 16	v. U.	„ war	„	ward.
„ 75	„ 11	v. O.	„ Dietz	„	von Dietz.
„ 77	„ 9	v. U.	„ oder	„	oder von.
„ 78	„ 14	v. U.	„ bei	„	bey.
„ 95	„ 10	v. U.	„ Herrn	„	Herren.
„ 98	„ 3&4	v. O.	„ Ertzbifchof	„	Ertzbifchoff.
„ 98	„ 6	v. O.	„ Hertzog	„	Hertzoge.